De bedst tilgængelige beviser for at menneskets bevidsthed overlever døden

En kort forklaring på, hvorfor døden er en illusion

Else Byskov

AF210271

Else Byskov

Forord

I februar 2021 så jeg til min store glæde at den amerikanske millionær Robert Bigelow havde udskrevet en essay konkurrence om den menneskelige bevidstheds overlevelse af døden. Lige siden min første bog "Death is an Illusion" udkom på engelsk i 2002 (bogen udkom på dansk med titlen Døden er en illusion i 2010) havde jeg håbet på, at nogen ville udskrive en sådan konkurrence, så vi i det mindste kunne komme i gang med at tale om dette emne, og at det dermed kunne holde op med at være så tabubelagt, som det er i dag. Jeg var derfor vild i varmen da jeg så opslaget på Facebook om konkurrencen, og jeg ansøgte straks om at få lov til at deltage. Et af kriterierne for at deltage var, at man skulle have forsket og skrevet om emnet i mindst 5 år for at kunne komme i betragtning, men da det på det tidspunkt var 19 år siden "Death is an Illusion" udkom og da jeg efterfølgende havde skrevet 8 andre bøger på engelsk om bevidsthedens overlevelse af døden, blev jeg straks godkendt.

Essayet måtte max fylde 25.000 ord og det skulle indsendes inden den 1.8.2021. Jeg indsendte mit bidrag i god tid inden deadline og vidste at de 14 vindere af tilsammen 1.500.000 USD ville blive offentliggjort den 1.11. 2021. Det viste sig, at der var 205 essays, der deltog i konkurrencen.

Der var naturligvis opstillet nogle kriterier for essayets form og dem vil jeg lige præsentere nedenfor, fordi det er vigtigt at understrege, at BICS forstår begrebet beviser bredt og ikke begrænset til det man betragter som bevis indenfor den materialistiske forskning. Da man, når man taler om bevidsthedens overlevelse af døden, har bevæget ind i den metafysiske sfære, kan man ikke være bundet af traditionelle materialistisk-videnskabelige kriterier for bevis, "men kan inddrage ægte (eller sandfærdige) beviser der omfatter en kombination af en lang række former: videnskabelige, oplevelsesmæssige, bevidnede, gentagelige, anekdotiske og på anden måde overbevisende langt ud over reglerne for traditionel evidensbaseret og hypotese-testede forskningsparadigmer" (citat fra Bigelow´s essay guidelines).

Med disse guidelines er begrebet ´bevis´ defineret meget bredt og dette bør man have i tankerne, når man læser mit essay.

Jeg mener også det er relevant at præsentere hvem der står bag konkurrencen, så her er et uddrag fra BICS – The Bigelow Institute for Consciousness studies, hvor instituttet fortæller om sig selv. https://bigelowinstitute.org

BICS blev grundlagt i juni 2020 af luftfarts-iværksætteren Robert T. Bigelow for at støtte forskning i både den menneskelige bevidstheds overlevelse efter den fysiske død og, baseret på data fra sådanne undersøgelser, karakteren af livet efter døden. Robert Bigelow er grundlæggeren af Bigelow Aerospace. I årtier har han også støttet seriøse undersøgelser af bevidsthedens natur og forekomster af usædvanlige fænomener, der endnu ikke er forstået af videnskaben.

På trods af mange spændende beviser er antallet af forskningsgrupper og midler afsat til at undersøge overlevelse af den menneskelig bevidsthed ud over døden chokerende lille i den vestlige verden. Selvom alle 7,8 milliarder mennesker på planeten Jorden i sidste ende vil dø, udføres der

meget lidt forskning af høj kvalitet om det måske vigtigste og mest grundlæggende spørgsmål, vores art står over for.

Der er meget få betydelige konferencer eller symposier om dette spørgsmål, som kunne appellere til forskere, akademikere og andre med en avanceret uddannelse. Dette skyldes dels, at sådan forskning ikke tages alvorligt af det nuværende "videnskabelige" paradigme. Denne nuværende "videnskabelige" gruppe blev alvorligt rystet over artiklen i New York Times fra 2017 om UFO'er. Det er sandsynligvis på tide at afslutte denne snæversynede tilgang. Vi hos BICS mener, at en måde at gøre dette på, er at appellere til kvalificerede fagfolk, der har en vis magt til at skabe forandringer.

Et formål med BICS er at øge bevidstheden blandt offentligheden og inden for det videnskabelige samfund om betydningen og relevansen af en sådan undersøgelse. BICS håber at kunne levere en offentlig service ved at øge opmærksomheden på og opmuntre til forskning i dette grundlæggende og tidløse emne. Vi søger hårde beviser "ud over en rimelig tvivl", der bringer os ud over religion eller filosofi og giver en bred viden der kan præsenteres på den offentlige arena, så den kan have en forenende indvirkning på menneskelig bevidsthed og kultur.

Formålet med BICS Essay konkurrence

Et andet formål med BICS-essaypriserne er at øge offentlighedens viden om emnet "Den menneskelige bevidstheds overlevelse af døden" og at stimulere til forskning. Et mål med essaykonkurrencen er at belønne deltagerne for at skrive indlæg, der opsummerer de bedste tilgængelige beviser for den menneskelige bevidstheds overlevelse efter permanent kropslig død.

BICS har til hensigt at levere en offentlig service ved at:

1. Oprette og implementere essaykonkurrencen

2. Offentliggøre ansvarlig information til det bredest mulige publikum

3. BICS forestiller sig, at essays skal fokusere på videnskabelige beviser samt objektiv og subjektiv understøttet dokumentation som kan indsamles fra:

Specifikke sager, herunder ældre sager, fra meget troværdige vidner

Fotografiske eller elektroniske data

Al tilgængelig litteratur

Stærkt validerede og godkendte menneskelige oplevelser

Andre relevante kilder

BICS har samlet en kompetent bestyrelse med stor erfaring inden for emnet til at rådgive om instituttets strategiske retning og prioriteter. Bestyrelsen

Else Byskov

er: den anerkendte journalist og forfatter Leslie Kean, retsmedicinsk neurolog Christopher C. Green MD ph.d., teoretisk fysiker Harold Puthoff PhD, Brian Weiss MD, der har holdt foredrag verden over om bevidsthedens overlevelse og tilhørende emner, Rice University Professor i filosofi og religiøs tænkning Jeffrey Kripal PhD, University of California Irvine Professor i statistik Jessica Utts PhD, Anomalies Researcher, Molecular Biologist and Anomalies Researcher Colm A. Kelleher PhD, og BICS grundlægger Robert T. Bigelow.

Nå, jeg var ikke blandt vinderne, muligvis fordi dommerne ikke fandt information "fra oven, fra det metafysiske niveau" værd at overveje. De kan ligge under for den misforståelse, at vi kan opnå valid information om det metafysiske eksistensniveau ved at studere den fysiske materie. Men det kommer ikke til at ske, og vi vil aldrig blive klogere på det metafysiske/åndelige niveau, medmindre en person med adgang til dette niveau informerer os, simpelthen fordi vi ikke kan studere dette niveau med de instrumenter, vi bruger til at studere fysisk materie.

Martinus havde den fornødne indsigt i det metafysiske eksistensniveau, og han havde kosmisk bevidsthed. Han kunne således se ind i det åndelige tilværelsesplan og afsløre de love, der styrer universet for os. Som alle mine andre bøger er dette essay funderet i Martinus-materialet, som er et overflødighedshorn af indsigt i det åndelige eksistensniveau. Mit essay afslører, hvad bevidsthed er, hvor den kommer hen, når den trækker sig ud af kroppen, og hvordan den vender tilbage til det fysiske niveau via reinkarnationsprocessen. Det bedste tilgængelige bevis er i embryogenese, som man vil se i essayet.

Jeg præsenterer hermed mit essay, som er den korteste og mest komprimerede (under 25.000 ord) forklaring på hvordan og hvorfor vores bevidsthed overlever det fysiske legemes død og hvorfor reinkarnation er et faktum. Jeg offentliggør mit essay på næsten samme tid på engelsk, dansk og spansk.

Som sagt, så stammer min indsigt i bevidsthedens væsen fra den danske intuitionsbegavelse Martinus og hans omfattende værk, som jeg har studeret siden 1995, da jeg, til min umådelige overraskelse, stødte på det. Det er en underdrivelse at sige, at det ændrede mit liv og min forståelse af verden og hvem vi er. Mit møde med værket var totalt livsændrende. Det gav mig en indsigt, som jeg ikke troede var mulig at få. Det er umuligt at overdrive betydningen af Martinus værk og jeg håber, at der med denne konkurrence kan blive åbnet op for, at vi nu endelig kan tale om dette emne uden at blive set på som dårer og kretinere. For hvad er vigtigere end at vi forstår, at vi er meget mere end blot denne fysiske krop og at vores bevidsthed er et energifelt, der, hver gang vi dør, lever videre på det åndelige plan inden det igen skal reinkarnere i fysisk materie?

De mange noter og referencer (som ikke tæller med i de 25.000 ord) kan findes efter essayet.

Else Byskov

Hvad er de bedst tilgængelige beviser for at menneskets bevidsthed overlever døden?

***Else Byskov, M.A. & B.A.** (1)*

I dag er det den almindeligt accepterede overbevisning i den vestlige verden, at vi kun lever ét liv. Når vi dør, ophører vi med at eksistere. Jeg omtaler denne opfattelse som étlivs-teorien. På trods af at denne idé bliver betragtet som en form for uafviselig sandhed, er étlivs-teorien aldrig blevet bevist. Ingen har nogensinde været i stand til at bevise, at der ikke er noget, der overlever den fysiske krops død. Det betyder, at étlivs-teorien er en aldrig bevist overbevisning, der er baseret på tro.

På den anden side har beviserne for at menneskets bevidsthed overlever kroppens død aldrig været flere og mere overbevisende, så det er bare et spørgsmål om, hvornår denne nye viden vil synke ned i vores kollektive bevidsthed og en gang for alle vælte den aldrig beviste étlivs-teori. I dette essay vil jeg præsentere beviserne for bevidsthedens overlevelse og også præsentere en måde, hvorpå vi kan fortolke, hvad dette betyder for vores forståelse af, hvad menneskets bevidsthed egentlig er. Jeg vil derefter fremlægge det sidste og uafviselige bevis for den menneskelig bevidstheds overlevelse af døden. Til sidst vil jeg sætte dette ind i en større kosmisk sammenhæng.

Vi lever i en meget spændende tid, fordi de gamle måder at se verden på bliver udfordret af nye opdagelser. Det ser ud til, at vi ikke skal blive ved med at leve i uvidenhed om den åndelige verdens eksistens og vores egen passage til denne verden, og at det åndelige plan nu ´banker´ på den fysiske verdens ´dør´ og forsøger at fange vores opmærksomhed. Den tid er kommet, hvor vi skal inddrage det åndelige niveau i vores verdensanskuelse, hvis vi vil udvide vores forståelse af den verden, vi lever i, og vores egen rolle i den.

Men lad os først se på beviserne for bevidsthedens overlevelse af døden:

Nærdødsoplevelsen (NDO)

Det mest kendte og omtalte bevis for at den menneskelige bevidstheds overlever døden og for eksistensen af en anden dimension må være nærdødsoplevelsen. Udtrykket 'nærdødsoplevelse' kan siges at være vildledende, fordi de mennesker, der har haft denne oplevelse, ikke blot var nær døden, de var klinisk døde, omend i en begrænset periode. De døde, forlod deres fysiske krop, kom ind i en anden dimension og kom tilbage. Denne oplevelse er nu blevet beskrevet af tusinder af mennesker, og antallet vokser, fordi det i dag er muligt at genoplive mennesker med nye teknikker, såsom hjertestartere, der bliver anbragt på masser af offentlige steder. Det betyder, at mængden af indsigt i, hvad der sker umiddelbart efter dødens indtræden, vokser, og flere og flere mennesker er villige til at tale om det, for jo mere almindeligt det bliver, jo mindre tabu er der om det.

Raymond Moodys bog: "Life after Life" (2) satte gang i debatten, og han opregner de mange ligheder mellem de mange NDOer, som folk har rapporteret at have haft.

Else Byskov

Denne liste indeholder de elementer, som tusinder af nærdødsoplevere fortalte var typiske (3):

1. Oplevelsen var svær at beskrive – det var vanskeligt at udtrykke den med ord

2. De hørte nyheden om, at de var døde

3. De oplevede følelser af fred og ro

4. Der var en støj

5. Der var en mørk tunnel

6. De var ude af kroppen

7. De mødte andre

8. De mødte et lysvæsen

9. De så deres liv passere forbi

10. De ankom til en grænse

11. De kom tilbage

Når tusinder af mennesker, der er helt ukendte for hinanden, har kunnet fortælle enslydende oplevelser fra en periode, hvor de var klinisk døde, så må der være noget om sagen. Når mennesker fra alle samfundslag og fra alverdens forskellige lande kommer tilbage fra døden og taler om påfaldende enslydende oplevelser, bliver det umuligt at blive ved med at afvise disse som fantasi og hallucinationer.

Der finder stadig en masse NDO sted, og i dag er der snesevis af Facebook -grupper, hvor man kan dele sin NDO. En af disse grupper har 81.700 medlemmer, en anden har 65.000 medlemmer, endnu en 19.000 medlemmer, der alle vil dele deres NDO (4), og efterhånden som antallet bliver ved med at vokse, bliver det stadig sværere ikke at acceptere dem som virkelige. I dag anslås det, at omkring 2 millioner mennesker verden over har haft en NDO, men antallet er sandsynligvis meget højere.

En af de mest berømte NDO'er er sandsynligvis Dannion Brinkleys fra 1975 (5), hvor han blev ramt af et lyn under et telefonopkald. Han var død i 28 minutter og var allerede blevet kørt til lighuset, da han vendte tilbage til sin fysiske krop. Hans NDO var meget dyb, og han oplevede en verden af skønhed, visdom og indsigt, der var forbløffende. Han fik vist en række mulige scenarier for fremtiden, hvoraf mange senere blev til virkelighed.

Desuden har der i senere år været nogle spektakulære NDO'er som er beskrevet i bøger, der blev bestsellere. Lad mig nævne to: Anita Moorjanis NDO skete, da hun døde af kræft. Hun kom ind i en verden hinsides denne af stor skønhed, og hun forstod pludselig, hvad der havde forårsaget hendes kræft: hendes mangel på egenkærlighed. Hun fik at vide, at hvis hun valgte at vende tilbage til sin fysiske krop, ville hun blive helbredt. Hun besluttede sig for at vende tilbage, og efter 5 uger kunne hun forlade hospitalet helt uden kræft (6).

Eben Alexanders NDO (7) fik mange skeptikere til at lytte, for her var der en neurokirurg, der altid selv havde været skeptisk over for NDO'er, som nu selv havde oplevet en dyb NDO. Hans bog "Proof of Heaven" ("Bevis for Himlen") blev en bestseller, og i dag er han en stærk fortaler for eksistensen af en virkelighed bagved den fysiske.

Else Byskov

NDO'erne fra de tre ovennævnte forfattere præsenterer beretninger om en verden - en virkelig verden, der er mere virkelig end denne - hinsides den fysiske verden, en verden med ubegrænset viden, visdom, skønhed, lys og kærlighed. Alle tre døde af alvorlige sygdomme eller ulykker, der totalt ødelagde deres fysiske kroppe, men alligevel, da de var vendt tilbage til deres fysiske liv, blev de hurtigt helbredt imod alle odds. Der syntes at være en helbredende kraft i den anden verden, der havde en umiddelbar, positiv effekt på deres helbredelse, hvilket til stor undren og vantro hos deres læger skete spontant uden medicinsk eller kirurgisk indgriben. Hvad man under normale omstændigheder mente var umuligt, var nu faktisk sket.

NDO er blevet undersøgt af en række forskere, der efterfølgende har skrevet bøger om deres fund. Jeg kan nævne Kenneth Ring (8), Michael Sabom (9), Melvin Morse (10), Bruce Greyson (11), P.M. Atwater (12), Pim van Lommel (13) og Peter Fenwick (14), alle meget anerkendte forskere. Det er ikke som om fænomenet ikke har fanget forskernes opmærksomhed, problemet er hvordan man skal forklare det, der sker. Inden for den traditionelle lægevidenskabelige forståelse af bevidsthedens oprindelse er disse fænomener blevet afvist som fantasi, hallucinationer eller den 'døende hjerne' hypotese, for når bevidstheden menes at opstå og befinde sig i hjernen, kan den ikke eksistere uden for kroppen. Når de, der har haft en NDO, beretter, at de kan se, høre og føle i en meget lettere krop og med fuld brug af deres kognitive sanser og bevidsthed, har dette givet anledning til megen kontrovers. Men da ingen nogensinde har været i stand til at bevise, at bevidsthed bliver produceret i hjernen, er det blot en hypotese, som ikke desto mindre bliver troet af de fleste læger, der har studeret traditionel, materialistisk medicin.

Til at promovere og støtte studiet af NDO findes der to vigtige organisationer:
The International Association for Near Death Studies (IANDS) (15) og Near-Death Experience Research Foundation (NDERF) (16). Disse organisationer offentliggør nye NDO cases, de oplyser om nye bøger, der udkommer om emnet og om nye afsløringer. De tilbyder også støtte til dem, der haft en NDO.

Børn, der husker tidligere liv

Forskning i cases af børn, der husker tidligere liv, skylder sin oprindelse til den nu afdøde Ian Stevenson (17), der arbejdede ved University of Virginia School of Medicine, USA, i mange år. Stevenson undersøgte tilfælde af børn, der hævdede at kunne huske tidligere liv. Hans metode var strengt videnskabelig, og i sin karrieres løb var han i stand til at indsamle omkring 3000 tilfælde af børn, der huskede tidligere liv, i de fleste tilfælde som identificerbare afdøde personer.

En af hans sager, Ashok Kumar/ Ravi Shankar (18), fangede mediernes opmærksomhed og skabte overskrifter over hele verden. Ashok Kumar, søn af Sri Jageshwar Prasad, blev brutalt myrdet i en alder af seks år af to mænd, der skar hans hals over med en kniv eller et barberblad. Et par år efter drabet blev en dreng født af forældre ikke så langt væk fra den by, hvor Ashok

Kumar havde boet. Drengen hed Ravi Shankar, og da han lærte at tale, hævdede han at være søn af Sri Jageshwar Prasad, selvom han ikke kendte denne mand. Han kunne give detaljer om mordet på Ashok Kumar og kunne endda identificere morderne. Ravis mor bevidnede, at drengen blev født med et lineært modermærke, der meget lignede et ar frembragt af et langt knivsår på tværs af halsen. Hun sagde, at hun først lagde mærke til dette ar, da han var tre eller fire måneder gammel.

Sagen er fra Ian Stevensons bog "Twenty Cases Suggestive of Reincarnation" og også hans bog "Where Reincarnation and Biology Intersect" har mange eksempler på børn, der husker tidligere liv som identificerbare personer, og hvis nuværende krop viser ar, der falder sammen med den måde, de døde på i deres tidligere inkarnation. Det skal bemærkes, at i de fleste tilfælde, hvor børn husker tidligere liv, skyldes det, at de døde under dramatiske omstændigheder i det liv, de husker. Normalt kan vi ikke huske vores tidligere liv, og det er heller ikke meningen (19).

Andre forskere har undersøgt børns tidligere liv, såsom Carol Bowman (20), hvis bøger "Children's Past Lives" og "Return From Heaven" præsenterer mange overbevisende tilfælde af reinkarnation. I "Return from Heaven" præsenterer hun tilfælde af børn, der er reinkarneret i den samme familie, hvorfra de døde i deres tidligere inkarnation.

En anden spektakulær sag er Barbro Karlén (21), den svenske kvinde, der hævder at være reinkarnationen af Anne Frank (22), pigen, hvis dagbog blev udgivet på hollandsk i 1947, efter at den blev fundet af kvinden, der havde huset Frank-familien under 2. verdenskrig. 'Anne Franks dagbog' blev efterfølgende oversat til over 70 sprog. Karlén havde tidlige minder om at være Anne Frank i et tidligere liv, og hun skrev en bog med titlen 'Og ulvene hylede', hvor hun fortæller sin historie. Hun fortæller, at hun under et besøg i Amsterdam som barn med sin familie var i stand til at finde vej uden hjælp til Frank-huset og kunne identificere detaljer om husets konstruktion og inventar, der var blevet ændret siden Franks tid. Besøget i Frank-huset havde en meget stærk effekt på Barbro, der led en slags nervøst sammenbrud på grund af de stærke og traumatiske minder, hun havde om sin tid der.

Tilfælde af børn, der husker tidligere liv, vokser, og nu kan vi finde videoer på YouTube, der præsenterer sådanne tilfælde (23). For nylig så jeg en sag, der blev berettet om på Facebook, om et barn, der fortalte sin mor, at han var død som brandmand under den 11. september angrebet på Twin Towers i New York i 2001. Han kunne forklare forskellige detaljer om sin død til sin forbløffede mor, som efterfølgende delte historien på Facebook.

Det er især fra det tidspunkt, hvor børnene begynder at tale, til de fylder seks eller syv år, at de begynder at tale om tidligere liv. Efter 6-års alderen begynder minderne at falme, men det er min erfaring, at man kan spørge enhver 3-årig "Hvem var du, da du var stor?" og man vil få et ærligt svar, et svar, som børnene er glade for at komme med, fordi det giver dem en chance for at vise, at de er mere modne og vidende, end deres unge alder antyder.

Forskning i tilfælde af børn, der husker tidligere liv, udføres stadig af professor Jim Tucker ved Institute for Psychiatry and Neurobehavioral Sciences ved University of Virginia School of Medicine, USA. En liste over nogle cases kan ses i linket (24).

Else Byskov

Regressionsterapi

Denne type terapi har vist sig at være meget effektiv til at helbrede patienter med alvorlige og livshæmmende psykiske traumer. Brian Weiss (25) og Roger Woolger (1944-2011) (26) er begge fremtrædende psykiatere, der har hjulpet hundredvis af patienter med at slippe af med alvorlige psykiske traumer ved at tage dem tilbage til det tidspunkt, hvor traumet opstod. Det viste sig, at årsagen til traumet ofte var i et tidligere liv. Denne 'tagen tilbage' kan fremkaldes via hypnose eller trance og det at få adgang til en tid i fortiden, hvor et specifikt traume havde sin oprindelse, er ikke så kompliceret, som det kan lyde. Ved hjælp af en særlig teknik er det muligt at få adgang til de ubevidste erindringer om traumer, der er gemt i vores overbevidsthed. Jeg kan kun sige dette, fordi jeg selv har prøvet regressionsterapi og på egen krop har oplevet de livsændrende virkninger denne terapiform har.

Det, jeg ville udforske gennem en regression, var en meget bizar opførsel, jeg nogle gange havde udvist, når jeg kom sent hjem fra arbejde. Min mand ville så have lavet aftensmad, og jeg ville blot kaste et hurtigt blik på det dækkede bord og begynde at råbe og skrige om, at der ikke var mad nok. Hvorfor havde han ikke lavet noget mere? Hvorfor var der så få kartofler? Jeg ville gå helt agurk og begynde at græde voldsomt. Spørgsmålet var, hvorfor jeg altid følte, at der ikke var nok? Dette var ganske umuligt at forklare, og da min reaktion ikke gjorde noget for at skabe en god stemning ved middagsbordet, besluttede jeg mig for at undersøge min 'irrationelle' adfærd.

Jeg blev ført tilbage af en terapeut, der havde studeret under Roger Woolger, og hun instruerede mig i at gentage sætningen *"Der er ikke nok"*. Jeg lagde mig på en madras med lukkede øjne og gentog sætningen flere gange. Et billede dukkede op: Jeg så mig selv stå i en elendig, faldefærdig hytte. Jeg havde en slags snavset sæk på, mit hår var langt, uredt og fedtet, jeg var meget tynd, med kun meget få tænder, jeg var beskidt og miserabel at se på. Der var en slags vindue, hvorigennem jeg kunne se hestevogne passere forbi, stablet op med lig. Det så ud til, at der var en pest der hærgede. Jeg kiggede rundt på mine elendige omgivelser og så et faldefærdigt bord og bag det en alkove i væggen. Jeg vidste, at min mand var taget afsted for at finde arbejde og mad, men det var længe siden, og jeg havde ikke hørt fra ham overhovedet. I mellemtiden havde jeg passet på vores to børn, en dreng og en pige, som til sidst var døde i alkoven enten af pest eller sult. Min sorg var uudholdelig, og min situation var desperat: Jeg havde mistet mine børn, min mand var væk, jeg havde ikke noget at spise og intet håb. Alene og ulykkelig døde jeg til sidst. Jeg oplevede døden som en stor lettelse. Jeg svævede over min krop og kom til et skønt sted med grønne græsgange, hvor jeg satte mig ned og kiggede på de smukke omgivelser. Et stykke tid sad jeg bare der. Så i det fjerne så jeg pludselig to figurer, der kom ivrigt løbende hen imod mig, vinkende med deres arme og udstrålende lykke og glæde. Da de nærmede sig, kunne jeg se, at det var mine to børn, der så meget sunde og raske ud. De kom hen til mig, krammede mig, kyssede mig og telepatisk lod de mig vide, at alt var i orden, de var ikke døde, alle vores bekymringer var ovre, dette var et sted med overflod, livet var smukt og nu var det tid til at glæde sig og være glad.

Derefter falmede visionen, men den udløste de stærkeste følelser, jeg nogensinde har oplevet. Jeg græd og hulkede på den mest ukontrollable måde (jeg græder stadig bare ved at tænke på det). Jeg græd og græd, mens terapeuten trøstede mig og gav mig nogle puder at kramme. Jeg hulkede desperat i tæt på en time, og det tog endnu længere tid for mig at genvinde fatningen.

Oplevelsen var så stærk, ikke kun på grund af al den undertrykte sorg og smerte, der var blevet frigivet, men også fordi jeg genkendte mine børn. Jeg genkendte pigen som min datter og drengen som min stedsøn i dette liv. Jeg havde også en meget stærk fornemmelse af, at min mand i det elendige liv er den mand, jeg er gift med i dag.

Efter terapisessionen følte jeg mig helt brugt og ekstremt træt. Jeg måtte sidde et stykke tid, indtil jeg havde taget mig tilstrækkeligt sammen til at kunne køre bil. Derefter tog jeg hjem og sad i stuen og følte mig elendigt tilpas, indtil jeg til sidst gik i seng uden aftensmad, da jeg ikke var sulten. I løbet af natten begyndte jeg at føle mig syg, og jeg havde den mest voldsomme diarré jeg nogensinde har haft. Denne diarré var tydeligvis ikke relateret til noget, jeg havde spist, da jeg var gået i seng på tom mave. Jeg var overbevist om, at den var relateret til den følelsesmæssige omvæltning, jeg havde oplevet under min regression. Efter diareen sov jeg videre, og da jeg vågnede næste morgen, havde jeg det fint. Jeg følte mig lettet, som om jeg havde været igennem en slags renselse. Efterfølgende lavede jeg aldrig scener omkring middagsbordet, og jeg havde aldrig mere denne følelse af, at der ikke var nok.

Nogle vil måske hævde, at dette bare var en fantasi eller opspind, men kan en fantasi udløse sådanne voldsomme følelser? Kan fantasi udløse en lige så voldsom fysisk reaktion som diarréen? Jeg ved, at det var meget mere end en fantasi, for inderst inde vidste jeg, at det var *mine* erindringer. Som jeg ser det, fik 'genoplevelsen' af disse traumatiske hændelser den mest smertefulde del af hukommelsen til at blive frigivet gennem kroppen. Frigivelsen af minderne udløste diarréen, hvorigennem krop og sind blev lettet for traumet. Efter terapisessionen var traumet helt sikkert væk.

De samme helbredende virkninger er blevet rapporteret af tusindvis af patienter, der har gennemgået regressionsterapi, og det betyder, at det ikke kan 'afskrives' som uvidenskabelige, fordi helbredelse er bevis. Det tyder også på, at det, patienten 'ser' under trance eller hypnose, er noget faktuelt - virkelige begivenheder fra et tidligere liv. Enhver terapeut ved, at fantasier eller hallucinationer ikke kan helbrede dybt forankrede traumer. Traumer kan kun helbredes, når virkelige tidligere begivenheder analyseres og konfronteres. Det betyder, at vi har at gøre med noget virkeligt, med et faktisk tidligere liv for patienten. For hvis det ikke er et tidligere liv, hvad er det så? Hvordan kan vi have minder, der ikke tilhører vores nuværende liv, og som, når de genopleves, kan kurere os for traumer, hvis de ikke kommer fra et tidligere liv? Hvor kan sådanne minder ellers komme fra? Hvordan kan vi have så stærke følelser, hvis det bare var en fantasi? Og hvorfor er det, at de, der arbejder med denne form for terapi og deres patienter, alle bliver overbeviste om, at de har levet før?

Else Byskov

Ikke kun psykiske traumer, men også fysiske traumer såsom akutte smerter, astma og endda overvægt er blevet helbredt gennem regressionsterapi. Regressionsterapi tyder på, at en del af vores væsen, der indeholder både erindringer, karaktertræk, fobier og kropslige defekter såsom ar, overlever kroppens død (27).

Casestudier om Livet mellem Livene (Newton Institute for Life between Lives Hypnotherapy)

Michael Newton Ph.d., grundlægger af The Newton Institute (28), var en traditionel terapeut, der brugte hypnose og aldersregressionsteknikker til at kortlægge oprindelsen til forstyrrende minder og psykiske lidelser hos sine klienter. I begyndelsen nægtede han imidlertid at se tilbage til tidligere liv, da han mente, at dette var for uortodoks og uklinisk.

Men en dag modtog han en klient, der klagede over et helt liv med kroniske smerter i sin højre side. Newton brugte et ´redskab´, han kaldte smerteintensivering, hvor klienten bliver bedt om at intensivere smerten for at se, om der kommer billeder frem af dens oprindelse. Denne unge mand huskede derefter et tidligere liv som soldat under første verdenskrig, hvor han blev stukket ihjel med en bajonet af en fransk soldat. Denne proces fik smerten til at forsvinde helt, så dette vakte Newtons nysgerrighed. Han begyndte derefter at eksperimentere med at tage klienter tilbage til tiden før deres nuværende fødsel. Dette fik ham til at indse, at hans klienters dybtliggende minder var for virkelige til at blive ignoreret, fordi de udgjorde et vigtigt terapeutisk redskab til helbredelse.

Indtil videre ligner Newtons arbejde regressionsterapi, men han specialiserede sig senere i at tage sine klienter, ikke tilbage til et tidligere fysisk liv, men tilbage til den tid, de tilbragte i den åndelige verden mellem fysiske liv. Over tid tog Newton hundredvis af klienter tilbage til deres liv på det åndelige plan, og han kunne dermed afsløre en masse detaljer om dette metafysiske eksistensniveau. Hans klienter rapporterede alle, at de på det åndelige plan slet ikke var døde, blot befriede fra deres fysiske krop. En almindelig kommentar var denne: "Åh, hvor vidunderligt, jeg er hjemme på dette smukke sted igen".

Klienterne rapporterede, at der var lag eller niveauer i denne metafysiske verden, og at de følte, hvordan de blev trukket hen til et sted, der var det rigtige for dem. De rapporterede også, at de kunne se og høre lyde, ekkoer eller musik af en ubeskrivelig og overskøn type, der ikke kunne høres på det fysiske plan. De kunne også både føle og høre. De rapporterede, at rummet, de så omkring sig, var uendeligt, majestætisk og fredeligt med en mosaik af glitrende farver. De så haver, bjerge og strande, marker med vilde blomster, borgtårne i det fjerne og regnbuer under en åben himmel, alt sammen pakket ind i et slør af ekstrem skønhed og sublim kærlighed.

I sin missionserklæring skriver Newton, at den person, du er i dag, er summen af alle dine tidligere liv, af din sjæls essens. Han oplyser, at hans arbejde bekræfter, at man kan få adgang til overbevidstheden, og at man kan rejse ud over sin nuværende inkarnation. På denne måde kan man begynde at få en forståelse af sin egen udødelige identitet og se, hvordan man vokser og udvikler sig via alle sine oplevelser i hver ny inkarnation.

Else Byskov

Slutningen af hvert fysiske liv indvarsler en ny begyndelse, en fødsel på det åndelige plan, hvor ens sjæls vækst bliver tydelig.

Newtons metode kan benyttes af alle, så enhver forsker med interesse i dette kan gennemføre lignende undersøgelser (29).

Studiet af visioner på dødslejet

Folk, der ligger for døden, har undertiden rapporteret, at de havde samtaler med kære afdøde, eller det blev ofte observeret af sygeplejersker og læger, at der var patienter, der havde samtaler med 'noget eller nogen usynlig' i rummet. De døende ville ligge sløve hen i deres senge men så ville de pludselig lyse op, smile og glæde sig over et syn, som kun de kunne se. Da disse fænomener ofte blev observeret af sygeplejersker og læger, der passede de døende, besluttede to forskere sig til at studere dette fænomen. I deres bog "At the Time of Death - A New Look at Evidence for Life After Death" præsenterer Erlendur Haraldsson Ph. D. og Karlis Osis Ph. D. (30) et stort antal tilfælde af døende personer, der havde sådanne syner, og disse sager viste sig at have mange identiske træk. Rapporterne fik Osis og Haraldsson til at konkludere, at ikke blot er et antal døende mennesker i stand til at se et eksistensniveau, der generelt ikke er synligt, men også at visionerne virkede meget opløftende på patienterne, som nu så helt anderledes på deres kommende død.

De to forskere siger i indledningen til deres bog:
"Selvom de fleste patienter tilsyneladende driver ind i glemslen uden at være ved bevidsthed, er der nogle, klart bevidste til det

*sidste, som siger, at de "ser" ind i det hinsides, og som er i stand til at rapportere deres oplevelser, inden de udånder. De ser afdøde slægtninge og venner komme til syne. De ser religiøse og mytologiske figurer. De ser ikke -jordiske miljøer præget af lys, skønhed og intens farve. Disse oplevelser er transformerende. De bringer ro, fred, opstemthed og religiøse følelser med sig. Patienterne dør en "god død" i stor kontrast til den sædvanlige dysterhed og elendighed, der normalt forventes før dødens indtræden" (*31).

De to forskere understreger, at deres undersøgelse var den første videnskabelige forskning i, hvad den døende oplever. De indsamlede et stort antal data fra tusindvis af læger og sygeplejersker, der havde tilset de døende. Disse data blev derefter analyseret statistisk via computerevaluering.

De konkluderede, at deres fund fremviser nye beviser på at noget overlever døden, og at disse beviser stærkt tyder på, at livet i en eller anden form fortsætter efter den fysiske krops død.

Kanalisering og The Afterlife Experiments (University of Tucson)

Kanalisering via medier har været kendt i århundreder, og der er opstået organisationer i forskellige lande såsom The Society for Psychical Research (UK) og The American Society for Psychical Research (32). De har holdt tusindvis af seancer, og i de fleste tilfælde var de i stand til at kontakte de døde og indhente oplysninger fra det åndelige eksistensplan.

Else Byskov

 Et meget kendt medium er Edgar Cayce (1877-1945). I løbet af sit liv holdt Cayce over 14.000 "readings" (læsninger). I alt 14.306 er tilgængelige i A.R.E. Cayce hovedkvarter i Virginia Beach, USA. De fleste af hans readings var meget nøjagtige, og han kanaliserede også råd om helbredelse og sundhed (33).

En nyere kanaliseringsperson er Esther Hicks, der kanaliserer en gruppe åndelige væsener kaldet Abraham. Esther Hicks har udført hundredvis af kanaliseringssessioner over hele verden, og hendes bøger og videoer er ekstremt populære. De oplysninger, som Esther kanaliserer, er så usædvanlige og originale, at de simpelthen er nødt til at komme fra en metafysisk kilde (34).

Det er ofte blevet hævdet af medier, at de har en særlig evne, som gør dem i stand til at kontakte afdøde, men denne påstand er i mange år ikke blevet betragtet som andet end ønsketænkning. Men banebrydende videnskabelige beviser, der understøtter påstanden om, at ægte medier rent faktisk kan kontakte 'den anden side', blev indsamlet af Gary E. Schwartz, ph.d., professor i psykologi, ved University of Arizona, Tucson. Resultaterne af eksperimenterne udført af Gary Schwartz (GS) og hans medforsker Linda Russek (LR) er blevet præsenteret i bogen "The Afterlife Experiments", der blev offentliggjort i april 2002 (35), og de udgør uomtvistelige beviser for, at kommunikation med afdøde personer rent faktisk kan finde sted. Her skal jeg kort præsentere de banebrydende resultater der blev opnået fra "The Afterlife Experiments" (36).

Forskellige omstændigheder fik GS til at etablere et eksperiment for at finde ud af, om et påstået medium var ´den ægte vare´. Kunne et medium rent faktisk kontakte de døde og dermed indhente oplysninger? Eller kendte mediet oplysningerne på forhånd, og hvis han/hun gjorde det, hvordan havde han/hun kunnet finde dem? Kunne der udarbejdes en test, der kunne fastslå, om han/hun bevidst eller ubevidst snyder? Kunne der oprettes et eksperiment, som ville fastslå, om et medium kunne opnå nøjagtige og verificerbare oplysninger om en afdød person? Det var nogle af de spørgsmål, som GS var ivrig efter at finde svar på via The Afterlife Experiments.

Eksperimenterne omfattede en ´sitter´, den person, der ønskede information fra et medium om en afdød person, og fem medier. Eksperimentet blev sat op på følgende måde: Sitteren blev tilsluttet en encephalograf og et elektrokardiograf for at overvåge hjerteslag og hjernebølger. Han/hun ville derefter sidde i en stol bag en stor uigennemsigtig skærm. Alle fem medier skulle, en efter en, levere information om den samme sitters afdøde slægtninge eller venner. Mediet ville sidde i en stol over for sitteren, men bag skærmen (ude af visuel kontakt) og ville være 'kablet op' på samme måde som sitteren. På siden af rummet ville GS og LR overvåge de to computere, der registrerede hjernen- og hjertebølger fra deltagerne. Hele sessionen ville blive optaget på både film og bånd.

Sitteren blev instrueret i ikke at give information til mediet udover ja eller nej. Da ingen visuel kontakt var mulig, blev disse to

Else Byskov

forholdsregler anset for at udelukke muligheden for 'kold læsning'.

En efter en indtog de fem medier stolen, og aflæsningerne blev optaget. Der blev truffet alle forholdsregler for at forhindre medierne i at udveksle oplysninger under og efter udskiftningerne.

I slutningen af forsøgsdagen havde de to sitters haft kontinuerlige sessioner med alle fem medier. De havde tilsyneladende haft kontakt med flere afdøde familiemedlemmer, og en hel række oplysninger om deres personlige liv var blevet afsløret.

Efter sessionerne blev de to hundrede sider med udskrifter fra videobåndene overdraget til sitterne for at blive scoret, dvs. kontrolleret for nøjagtighed. Resultaterne var ekstraordinære. For den første sitter viste resultaterne, at medierne havde varieret fra at være 77 procent til 95 procent nøjagtige. Den gennemsnitlige nøjagtighed var 83 procent. Nøjagtigheden for den anden sitter svarede til den første sitters.

Alle data fra forskningen kan ses i bogen "The Afterlife Experiments". Afslutningsvis siger GS: *"Det er rigtigt at sige, at eksperimenterne ved University of Arizona har frembragt nogle bemærkelsesværdige resultater - så mange, faktisk at ved at afvise dem begår man den ultimative videnskabelige synd. Når en forsker er så heldig gentagne gange at være vidne til og indsamle ekstraordinære data i mange eksperimenter over mange år, har*

hun eller han ansvar for at respektere sandheden af disse fakta "
The Afterlife Experiments, side 268.

Efterlivsforsøgene er afgørende bevis for overlevelse af døden. De beviser uden skygge af tvivl, at sande og gyldige oplysninger kan fås fra afdøde personer via medier. Da oplysningerne skal være kommet et sted fra, tyder dette stærkt på, at der eksisterer et niveau, hvorfra disse oplysninger stammer. Dette peger igen på den faktiske eksistens af et efterliv. Denne konklusion er simpelthen virkeligheden fra de fakta, der er indsamlet i efterlivsforsøgene. Resultaterne taler for sig selv.

Efterlivsforsøgene er også vigtige, fordi de let kan repliceres. Det er relativt let for andre forskere at gentage eksperimenterne. Det eneste de skal gøre er at finde gode medier og en sitter og opsætte eksperimenterne som GS og LR gjorde. I tilfælde af efterlivsforsøg er beviserne ikke afhængige af, at informanter bliver kendt af forskerne, ligesom det er tilfældet med børn, der husker tidligere liv, NDOer og dødslejevisioner. Enhver videnskabsmand med interesse for emnet kan udføre eksperimenter, der ligner dem, der er rapporteret i "The Afterlife Experiments".

Kommunikation fra afdøde (KFA)

For omkring fire årtier siden blev spørgsmålet om kommunikation fra afdøde undersøgt i to undersøgelser, en i USA og en på Island. Ifølge en amerikanske meningsmåling, foretaget af Greeley i 1975 (37), hævdede hver fjerde amerikaner at have haft kontakt med de døde. Erlendur Haraldsson, ph.d. opnåede lignende resultater i Island, hvor han foretog en meningsmåling i begyndelsen af 1970'erne (38).

Da disse meningsmålinger blev gennemført, fandtes der ingen yderligere undersøgelser af disse fænomener, men sådanne undersøgelser er blevet udført siden. Jeg kan nævne tre vigtige værker: Bill og Judy Guggenheim: "Hello from Heaven", 1995 (39) og de to bøger af Louis E. LaGrand, Ph.D.: "After Death Communication. Final Farewells "og" Messages and Miracles: Extraordinary Experiences of the Bereaved ", 1999 (40).

I "Hello from Heaven" præsenterer Bill og Judy Guggenheim 353 eksempler på KFA, som de har udvalgt fra deres filer med mere end 3300 KFA, samlet i løbet af syv års forskning.

Ikke al kommunikation fra den anden side foregår på samme måde, så Guggenheimerne kategoriserede KFA'erne i følgende hovedtyper:

1. Følende KFA'er, hvor personen følte tilstedeværelsen af en afdød elsket person,

2. Auditive KFA'er, hvor personerne erklærede, at de internt hørte deres afdøde elskedes stemme,

3. Taktile KFA'er, hvor de efterladte følte berøring af en afdød elsket person,

4. Olfaktoriske KFA'er, hvor dufte pludselig dukkede op, som opleveren identificerede med deres afdøde familiemedlem,

5. Visuelle KFA'er, hvor enten dele eller hele den afdødes krop dukkede op,

6. Twilight KFA'er, hvor den afdøde viste sig for de efterladte i tilstanden mellem at være sovende og vågen,

7. KFA'er uden for kroppen, hvor de efterladte stødte på den afdøde i tilstanden 'uden for kroppen',

8. KFA'er under drømme

9. Telefon -KFA'er, hvor telefoner, der nogle gange slet ikke var tilsluttet, pludselig ringede og de efterladte hørte den afdødes stemme,

10. KFA'er, hvor elektriske apparater pludselig blev tændt eller slukket,

11. Symboliske KFA'er.

I de fleste tilfælde var den, der oplevede en KFA, en efterladt person, der sørgede over en elsket persons død, og som desperat håbede på at modtage et tegn fra den afdøde, hvilket han/hun i mange tilfælde så gjorde. KFA´ernes virkninger på de efterladte er håndgribelige og stærke. De efterladte bliver opløftede, når de forstår, at deres elskede stadig lever et sted, og efter sådan en KFA er det lettere for dem at holde op med at sørge, da de forstår, at den nuværende adskillelse ikke er permanent. Som et terapeutisk redskab der bibringer trøst til de efterladte er KFA vigtige, fordi de bekræfter, at døden ikke er slutningen, ja, at den er en illusion

Spøgelser

Beretninger om spøgelser har eksisteret i hundredvis af år, og diskussioner om, hvorvidt de er virkelige eller ej, har fundet sted i lige så lang tid. De, der aldrig har været i nærværelse af spøgelser, vil påstå, at de ikke eksisterer, at de er ren fantasi, hvorimod folk, der bor i huse, der er hjemsøgt, vil sværge på, at de er ægte, og at de kan være til stor gene.

Et spøgelse er en ånd, hvis fysiske legeme er dødt, og som af egen vilje har nægtet at foretage den korrekte passage til de åndelige riger. Dette kan skyldes afhængighed af jordiske laster såsom alkohol eller stoffer eller frygt for, hvad der venter på den anden side. Når først ´vinduet´ med muligheden for at passere over er lukket, kan ånden ikke foretage passagen på egen hånd og bliver hængende på det fysiske plan. For at komme videre har spøgelset brug for at nogen går i forbøn for det, med andre ord, det har brug for hjælp fra et fysisk væsen. Dette er grunden til, at spøgelser kontakter de fysiske væsner: de har brug for deres hjælp. Denne hjælp kan let ydes via bøn: man skal bare bede om, at spøgelsets skytsengle (41) skal komme og hjælpe det. Det er normalt alt, hvad der skal til.

Personligt har jeg været vidne til snesevis af tilfælde, hvor der var en usynlig tilstedeværelse, der kunne høres, lugtes eller mærkes. Stederne, hvor dette skete, var meget forskelligartede, men det var mest i gamle klostre, der var blevet omdannet til hoteller, i gamle slotte (f.eks. Kronborg, Danmark), i lejelejligheder og en gang havde vi købt en udlejningslejlighed i Alperne, hvortil vi havde bestilt en dyr seng, som viste sig at rumme et spøgelse.

Så snart sengen ankom, tog jeg et billede og over sengen var det tydeligt at se, at der svævede en lysende rund form, en ´orb´(42). Sengen var angiveligt meget behagelig, men den første nat sov jeg elendigt i den. Der var en foruroligende energi, der forhindrede en god, fredelig søvn. Da min mand ankom et par dage senere, blev det værre, og han sov næsten ikke. Det var som om energien forsøgte at skubbe ham ud af sengen for at få ham til at gå væk.

Det samme skete igen og igen, hver gang en mandlig lejer forsøgte at sove i sengen. Ånden ville være meget generende overfor enhver mand, der sov der, og oftest måtte han flygte ind i et tilstødende værelse for at sove. Efter at dette havde fundet sted over flere måneder konkluderede vi, at et mandligt spøgelse havde taget sengen i besiddelse, og at det ville have kvinderne for sig selv. Til sidst var jeg dog i stand til at få den irriterende ånd til at forsvinde ved at bede til dens skytsengle om at komme og hjælpe den med at foretage en ordentlig passage til den anden side. Det virkede, og fra da af var sengen uforstyrret og fredelig for alle at sove i.

Skulle nogen tvivle på spøgelsers eksistens, udfordrer jeg vedkommende til at overnatte på det berømte kloster: Monasterio de Piedra uden for Zaragoza, Spanien (43). Det var den værste nat i mit liv. Klosteret havde været besat af franske tropper under uafhængighedskrigen (1808 - 1814). De franske soldater havde delvist ødelagt bygningen, plyndret den, dræbt flere af munkene og holdt fester i den. Den nat vi tilbragte der, var det som om der stadig foregik en uhyggelig fest og mærkelig musik kunne høres lige under vores værelse, hvilket gjorde det umuligt at sove. Men der var ingen rigtig fest i bygningen den nat. Desuden var der hele natten en konstant banken lige ved siden af vores ører, og vores værelse (en tidligere munkecelle) var fyldt med en foruroligende energi. Så snart dagen gryede, skyndte vi os ud værelset, betalte og løb bogstaveligt talt ud af hotellet uden morgenmad.

En videnskabelig undersøgelse af spøgelsers eller ånders tilsynekomst eller tilstedeværelse er blevet udført af Erlendur Haraldsson og offentliggjort i hans bog: "The Departed among the living" (44).

Hvad de fremlagte beviser tyder på

De fremlagte beviser tyder på, at der findes en anden dimension, der ikke består af fysisk materie, og at vi passerer ind i denne dimension, når vores fysiske krop bliver ubrugelig på grund af skader, sygdom, ulykker eller alderdom. Det er, hvad nærdødsoplevelserne tyder på. I denne anden dimension er vi stadig i høj grad i live og har fuld brug af vores sanser. Denne anden dimension er en af stor skønhed, visdom og kærlighed. Når vi er der, har vi stadig en slags krop, blot er det ikke en fysisk krop, men et energifelt som nævnt i Newton-materialet. Beviserne fra børn, der husker tidligere liv, tyder på, at vi kan vende tilbage til den fysiske verden fra denne dimension, og at når vi gør det, kan vi tage visse minder fra et andet, tidligere fysisk liv med os ind i det næste liv. Beviserne tyder også på, at vi kan få adgang til minder fra et tidligere liv under hypnose eller trance, og at vi dermed kan genopleve traumatiserende erindringer fra fortiden, som man ser under regressionsterapi. På denne måde kan man blive helbredt for livshæmmende sygdomme, både psykiske og fysiske.

Man kan også få indsigt i nogle karakteristika ved den anden dimension under hypnose og se og tale med kære afdøde, mens man er under hypnose som det er blevet demonstreret af Newton -forskningen. Endvidere tyder beviserne fra efterlivskommunikation på, at væsner fra den anden dimension kan kontakte familiemedlemmer og venner på det fysiske plan og give dem tegn på, at de stadig er i live, og også at disse væsner nogle gange kontakter de døende på deres dødsleje og hilser på dem og henter dem ´hjem´, som det er blevet observeret ved dødslejer. Gennem kanalisering er det blevet påvist, at visse fysiske personer (synske, clairvoyante eller medier) kan få adgang til information fra den anden dimension, som det er blevet bevist gennem The Afterlife Experiments. Nogle kendte kanaliseringseksperter har leveret værdifuld og nyttig information fra den anden dimension, såsom Esther Hicks og Edgar Cayce. Endelig viser det sig, at steder på Jorden kan hjemsøges af usynlige, forstyrrende enheder eller spøgelser.

Det er ikke som om vi kun kan finde brudstykker af beviser hist og her, der understøtter tanken om, at menneskets bevidstheds overlever kroppens død. Beviserne er overvældende, overbevisende og rigelige. Deres antal vokser, fordi der hele tiden offentliggøres nye sager, så det er på tide, at vi begynder at tage disse vidnesbyrd alvorligt og forsøger at komme med en forklaring.

Étlivs-teorien har dog stadig mange tilhængere, og de klamrer sig til denne aldrig beviste teori, som en druknende mand klamrer sig til et stykke drivtømmer, fordi de tror, at videnskaben har bevist, at døden er livets endelige afslutning. Men det er aldrig bevist. Desuden tror de, at videnskaben har bevist, at bevidstheden bliver skabt i hjernen. Men det gør den ikke. Ingen har nogensinde været i stand til at bevise, at bevidstheden opstår, når hjernens neuroner gnider mod hinanden, eller at intet overlever kroppens død. Tilhængerne af étlivs teorien står med tomme hænder, og det gør dem til 'troende', hvorimod tilhængerne af ideen om bevidsthedens overlevelse af døden har alt det ovenstående bevismateriale på deres side.

Nu melder spørgsmålet sig så: Hvordan kan dette bevismateriale tolkes og forklares? Er der en omfattende forklaring et sted? De fleste vil sige nej, men det er der faktisk. Denne omfattende forklaring er endnu ikke særlig kendt, den kan faktisk siges at være verdens bedst bevarede hemmelighed, men den findes i form af Martinus' åndsvidenskab, som jeg nu skal præsentere.

En nøgle til at fortolke og forstå bevismaterialet

Den 11. august 1890 blev en dreng født i det nordlige Jylland, Danmark. Han blev født uden for ægteskab og kendte aldrig sin far. Han voksede op under meget ydmyge omstændigheder hos sin onkel og tante, der allerede havde 11 børn. Han hed Martinus Thomsen. Allerede fra begyndelsen var det klart, at denne dreng var usædvanlig, meget kærlig og fuld af indsigt. Fra en meget tidlig alder havde han en stærk forbindelse til det guddommelige, og han havde sin egen indre overbevisning, som stod i skarp kontrast til datidens religiøse tro. Der var ingen penge til at give Martinus en uddannelse, så han blev uddannet som mejerist.

Da han var i 20'erne flyttede Martinus til København og arbejdede på et stort mejeri der. Han giftede sig aldrig og boede i et ydmygt værelse på et pensionat. En dag, 8 måneder efter at han var fyldt 30, besluttede Martinus sig til at sætte sig ned og meditere over begrebet Gud. Det var den 23. marts 1921. Han tog bind for øjnene og satte sig i sin kurvestol. Nu var alt mørkt. Pludselig dukkede et lille lyspunkt op for hans indre syn, og det begyndte at komme tættere og tættere på. Martinus kunne nu se, at lyset bestod af tusindvis af små gnister, og at det tog form af en statue af Kristus. Så gik det lige ind i ham, og han blev grebet af en vidunderlig, opstemt følelse. I det guddommelige lys, der overskyggede ham, var han pludselig i stand til at observere Jorden ovenfra. Han kunne se landskaber, have, bjerge, dale, floder og alt dette lå badet i det lys, der kom fra Kristus. På et tidspunkt blegnede synet, og Martinus var tilbage i sit ydmyge værelse, men det guddommelige lys skinnede stadig i hans bevidsthed.

Dagen efter mediterede Martinus igen, og denne gang trådte han ind i et hav af gyldne tråde, og han følte, at han var kommet ind i selve Guds bevidsthed.

Disse to metafysiske oplevelser (45) ville have været uden betydning for andre end Martinus selv, hvis de ikke havde efterladt ham i en permanent oplyst tilstand. Hans bevidsthed var blevet udvidet til ikke blot at omfatte det fysiske eksistensniveau, men også det åndelige niveau, hvor alt har sin oprindelse. Martinus havde opnået kosmisk bevidsthed (46). Hver gang han rettede sine tanker mod et spørgsmål, kom svaret med det samme. Han havde nu intuitionsenergien under sin viljes kontrol, og han var blevet sin egen kilde til ubegrænset viden.

Denne nye tilstand med uhindret adgang til et metafysisk vidensniveau var en stor overraskelse for Martinus, og det tog ham nogen tid at vænne sig til det. Når han kørte i sporvogn, kunne han se folks sygdomme, og det gjorde ham meget utilpas. Imidlertid blev han snart i stand til at kontrollere sine nye evner, og han brugte de næste 60 år af sit liv på at skrive sin åndelige indsigt ned. Dette resulterede i 10.000 sider fyldt med dyb åndelige indsigt og 100 symboler, som er farvede tegninger, der illustrerer aspekter af den åndelige virkelighed. Hans hovedværk på 7 bind har titlen: "Livets Bog" og hans andet store værk på 6 bind har titlen: "Det Evige Verdensbillede". Desuden skrev han 31 andre bøger plus omkring 200 artikler. Hans arbejde afslører et fuldstændigt holistisk verdensbillede omfattende både det fysiske og det åndelige eksistensniveau. Martinus døde i marts 1981 i en alder af 90 år (47).

Martinus omtalte sit arbejde som åndsvidenskab eller kosmologi, og det er den mest komplette åbenbaring af åndelig indsigt, der nogensinde er blevet afsløret for menneskeheden. Der er intet der bare tilnærmelsesvis ligner det. Det er et sandt overflødighedshorn af visdom, præsenteret med logik, intelligens og kærlighed. Det besvarer alle livets store spørgsmål og tilbyder en fuldstændig omfattende løsning på livsmysteriet. Når man har studeret det, behøver man ikke længere at tro, så ved man.

Det er vigtigt at påpege, at Martinus' arbejde ikke er et trosobjekt. Det er åndelig indsigt underlagt videnskabens principper. Det er logisk og præsenteret med matematisk præcision. Martinus´ arbejde skal blive grundlaget for en sammensmeltning af videnskab og spiritualitet i fremtiden. Martinus ønskede ikke, at hans læsere blot skulle tro på det, han skrev. Han ville have os til at sammenligne det, han afslørede, med det, der kunne observeres i den fysiske verden, og først da ville det være af værdi for os. Hans arbejde er et studieobjekt, og han forsøgte aldrig at omvende nogen til at blive hans tilhænger, og han forsøgte heller ikke at indfange proselytter. Han sagde, at dem, der var tilfredse med deres trossystem eller religion, skulle blive ved med det, så længe det inspirerede dem. Martinus 'arbejde blev skrevet for dem, der er vokset fra evnen til at tro på religionerne og ikke længere kan forføres af deres magi. Det er åndelig næring for dem, der har brug for en logisk forklaring på livsmysteriet og leder efter logiske svar på livets store spørgsmål. Martinus vidste, at hans arbejde ville sprede sig over planeten når tiden var moden og når folk havde brug for det. Der er ingen sekt eller organisation omkring Martinus 'arbejde, da det er gratis for alle at studere, fordi det tilhører hele menneskeheden.

Nu er er det klart at 10.000 sider åndelig indsigt skrevet på dansk er et solidt job for enhver oversætter, og i sin helhed kan værket stadig kun læses på dansk, og det er sandsynligvis grunden til, at det endnu ikke er ret kendt. Men oversættere arbejder intenst i Martinus Instituts regi med at oversætte hans arbejde til mere end 20 sprog. En stor del af Martinus 'arbejde er allerede oversat til engelsk, spansk, svensk, tysk, hollandsk, tjekkisk, esperanto, norsk, polsk, islandsk m.m. Det kan læses online fra Martinus Instituts hjemmeside martinus.dk. Internationale kurser afholdes hver sommer på Martinus Center Klint, Odsherred, Danmark.

Livsmysteriets løsning

Martinus præsenterer livsmysteriets løsning i logiske, intelligente analyser, der appellerer til vores intellekt. Han forklarer, hvorfor vi er her, hvor vi kommer fra, og hvor vi skal hen, hvorfor døden er en illusion og reinkarnation et faktum, hvorfor vi har krige og lidelser, hvordan vi skaber vores skæbne, hvorfor vores skilsmisserater stiger, hvordan vi kan skabe verdensfred, hvordan vi lever i et bevidst, levende univers på en levende planet, hvordan fysisk stof er skabt af tanker, hvordan den åndelige verden er den primære verden og den fysiske verden den sekundære, og hvordan der simpelthen MÅ være en skaber eller Gud. Og meget mere.

De afsløringer, Martinus præsenterer, tyder på, at det ikke længere er meningen, at vi skal blive ved med at leve i uvidenhed om det åndelige eksistensniveau og dets betydning. Med hans arbejde er vores dage i uvidenhed om alt det åndelige forbi. Det eneste vi behøver at gøre er at studere værket. Det står der det hele, og sammen med de allerede nævnte vidnesbyrd har vi fået en nøgle til at forstå, hvem vi er, og hvorfor vi er her (48).

I dette essay vil jeg koncentrere mig om spørgsmålet om bevidsthedens overlevelse, som for Martinus var en kendsgerning (49). Min kvalifikation til at præsentere Martinus indsigt er, at jeg er dansk og har studeret hans arbejde siden 1995, da jeg til min store overraskelse stødte på det. Til dato har jeg skrevet 9 bøger på engelsk om aspekter af Martinus' åndsvidenskab (50).

Hvad er materie?

De fleste mennesker i dag vil nok hævde, at kun det, der kan ses og røres ved, er virkeligt. Set fra denne vinkel menes verden udelukkende at bestå af fysisk stof, og denne type stof er alt, hvad der eksisterer. Denne måde at se verden på er den egentlige grund til, at så mange mennesker tror på døden som livets afslutning. Når man tror, at der kun eksisterer fysisk stof, tror man helt logisk, at man er identisk med sin fysiske krop. Man ER sin krop. Når kroppen dør, ophører man for evigt med at eksistere. Så troen på at kun fysisk stof eksisterer er hovedårsagen til, at étlivs teorien er så udbredt i dag.

Men er det rent faktisk en kendsgerning, at der kun findes fysisk stof? Nej, nej og nej. Det er langt fra tilfældet, og det er let at underbygge denne påstand, fordi vi mennesker hver dag, over hele kloden, benytter os af ikke-fysisk, usynligt stof. Det gør vi, når vi taler i mobiltelefoner, bruger GPS, roamer trådløst på Internettet, lytter til radio, ser fjernsyn eller får røntgenfotograferet vores ben.

I dag er det meningsløst at hævde, at kun det, der kan ses og berøres, er virkeligt. Der findes en type stof, der ganske enkelt ligger uden for det synlige og håndgribelige. Martinus kalder dette "stråleformet stof", fordi det består af usynlige, luftbårne stråler og bølger, men videnskaben omtaler det som elektromagnetisk stråling (51). I fysikken refererer elektromagnetisk stråling (EMR) til bølgerne (eller deres kvanta, fotoner) i det elektromagnetiske felt, der stråler gennem rummet og bærer elektromagnetisk strålingsenergi. Det inkluderer radiobølger, mikrobølger, infrarødt lys, synligt lys, ultraviolet lys, røntgenstråler og gammastråler. Martinus understreger, at det videnskabeligt kendte elektromagnetiske spektrum skal udvides til at omfatte en hel række endnu kortere bølgelængder, som endnu ikke er målbare med vores nuværende instrumenter. Men grundlæggende er stråleformet materie og EMR det samme: energi på en række forskellige frekvenser og bølgelængder. Energi har evnen til at rumme information og kraft på samme tid.

Else Byskov

Når vi modtager et opkald på vores mobiltelefon, overføres information til vores enhed på energiens vinger, og vores telefon har evnen til at omdanne disse oplysninger til tale, så vi kan få en samtale med den person, der har ringet til os.

Så eksistensen af usynligt stof er faktuel og reel. Denne type stof adskiller sig fra fysisk stof ved at det mangler tæthed. Det er simpelthen mindre tæt end fysisk materie, men det er stadig 'noget', det er ikke 'ingenting'.

Forskellen i stoffers tæthed er noget, vi alle er bekendt med, når vi observerer måden, hvorpå vand opfører sig: det er fast og tæt, når det er frosset (vi kan så gå på det), flydende og mindre tæt, når det er i væskeform (vi kan så svømme i det eller drikke det) og endnu mindre tæt, når det er i dampform som tåge, skyer eller vanddamp. Så vand kan opføre sig på tre forskellige tæthedsniveauer afhængigt af afstanden mellem dets individuelle molekyler. Men alligevel er det det samme stof, og ligesom det frosne vand (is) kan tø og blive flydende og opvarmes og blive til damp, så kan det, når det udsættes for kulde, kondensere fra damptilstanden og bliver flydende (vi ser dette, når vanddamp rammer den kolde vinduesrude og dråber begynder at løbe ned af glasset), og derfra kan det, når det udsættes for temperaturer under nul, blive stenhårdt som is.

Disse tre materietilstande er velkendte for videnskaben. Martinus påpeger dog, at der mangler endnu en tilstand: den stråleformede tilstand eller EMR. Denne fjerde tilstand ligger på linje med de andre, og det betyder, at vand fra dampformen kan transformeres til den stråleformede tilstand. Det udtrykker sig derefter som bølger eller stråler af elektromagnetisme eller energi. Det, der er gældende for vand, er gældende for alle former for stof.

Den stråleformede tilstand er energi. Der er energi overalt. I dag ved vi, at det, der engang blev antaget for at være 'det tomme rum', slet ikke er tomt. Det kan være tomt for fysisk stof, men det er fuld af energi. Det er fra dette enorme energihav, at fysisk stof skabes via en kondenserings- og krystalliseringsproces. Eller, som Albert Einstein (52) på fuldkommen vis har udtrykt det: E = mc2, hvor E står for energi, m for masse og c for lysets hastighed i anden. Ligningen udtrykker, at masse og energi stort set er det samme og kan ændres til hinanden. Det er præcis, hvad Martinus siger: stråleformet stof kan kondensere og omdannes til fysisk stof.

I vores krop har vi alle fire typer stof repræsenteret: Vores knogler, muskler, hud, negle og hår består af fast stof, vores blod og lymfe består af flydende stof og vores udånding består af stof i dampform. Men hvad med den stråleformede tilstand? Har vi også den i vores krop? Ja, det har vi faktisk. Hele vores tankesfære består af stråleformet stof eller energi. Denne type stof er, som allerede påpeget, usynlig og immateriel, men stadig er vores tanker en meget vigtig del af, hvem vi er.

Hvad er tanker?

Vores tanker er usynlige og immaterielle. Vi kan ikke se vores tanker eller holde dem i vores hånd, men alligevel er de vigtige, fordi alle vores handlinger, beslutninger og skabninger er født af vores tanker. Dette er let at konstatere, når vi tænker på en menneskeskabt ting, det være sig en stol, en bil, en computer, et hus eller en hat. Alle disse ting var en tanke i nogens hoved, før de blev skabt i fysisk materie. Tanken kan lede til en tegning, som derefter kan danne grundlag for skabelsen af en fysisk ting. Men den første eksistens af tingen var i tanke. Det er altid tanken først. Der er ingen undtagelse fra dette.

Det betyder, at tanker har forrang frem for fysisk materie. Alle fysiske ting er tanker, der har fået et fysisk udtryk eller faktisk: materialiserede tanker.

Tanker kan måles, når vi placerer elektroder på en persons hoved. Tankeaktivitet kan måles, fordi det er en type energi. Tanker har en dobbelt egenskab: de rummer energi, og de rummer information. En tanke er som en mønt med to sider: energi og information. Man kan ikke have det ene uden det andet. Når der er tanker, er der også altid energi. Dette er faktisk nøglen til at forstå både bevidsthed og livskraft.

Energifeltet

Alle levende væsener er omgivet af et energifelt. Eksistensen af dette energifelt kan måles omkring et legeme, der er i live, og i dag er der udgivet en række bøger, der forklarer dette felt i videnskabelige termer (53). Det kan også fotograferes. Energifeltet i en levende krop kan fotograferes ved hjælp af Kirlian -teknologien (54).

Kirlian foto af menneskets energifelt eller aura

Energifeltet kan visualiseres i et levende væsens aura, og auraen kan fotograferes. Dette energifelt er identisk med vores tankesfære. Det blev tidligere påpeget, at tanker er energi, og at denne energi er fuld af information. Energi rummer information og kraft. Vores tankesfære af information og energi er identisk med vores bevidsthed. Energi er bevidsthedsmateriale. På billedet kan vi se vores bevidsthed som et energifelt, der omgiver kroppen. Dette energifelt er en åndelig organisme - et energikrop, og det er den, vi i virkeligheden er. Det er også oprindelsen til den fysiske krop.

Energifeltet er en selvbærende enhed, der eksisterer uafhængigt af den fysiske krop. Den eksisterer før, hinsides og bag den fysiske krop, og hvad enten den er knyttet til en fysisk krop eller ej. Det er dette felt, der skaber og giver form til vores fysiske krop og opretholder og giver kroppen stabilitet gennem hele livet. Når feltet forlader kroppen ved dødens indtræden, begynder kroppen straks at opløses, fordi det var energifeltet, der holdt den sammen. Energifeltet rummer en stor mængde information, og det er identisk med vores bevidsthed. Vores bevidsthed rummer meget mere information end hvad vi kan huske på daglig basis (vores dagbevidsthed). Det rummer også vores underbevidsthed, som rummer information, der ikke er lettilgængelig, men som kan tilgås under hypnose eller trance og vores overbevidsthed, som rummer vores evige elementer og åndelige struktur.

Energi er identisk med ånd/bevidsthed

Lad mig gentage: En af Martinus' helt store afsløringer er, at al energi rummer information. Vores energifelt er en åndelig kraft, der indeholder alle oplysninger om, hvem vi er. Denne information i vores ånd er identisk med vores bevidsthed, som igen er identisk med vores livskraft. Vores tanker rummer energi, og denne energi gennemrisler vores krop. Med informationen i energien / tankerne opretholder den og vedligeholder kroppen og dens sundhedsniveau hele livet. Vores ånd / bevidsthed / livskraft er den samme som det, der traditionelt er blevet kaldt sjælen.

Vores livskraft

Det er energien i vores livskraft / bevidsthed, der gør vores fysiske krop levende. Det er tilstedeværelsen af vores livskraft / bevidsthed, der udgør forskellen mellem et dødt legeme og et, der er i live. Vores livskraft er af elektrisk karakter. Vi er elektriske væsener, og det er denne elektricitet, der gør det muligt for os at bevæge vores lemmer, blinke med et øjenlåg og trække vejret. Det er elektriciteten i vores livskraft, der får vores hjerter til at banke og vores tarmfunktion til at virke osv. Så snart livskraften forlader kroppen, kan den ikke længere bevæge sig, fordi der ikke er mere elektricitet. Det betyder, at vi har vores egen personlige energikilde i form af vores bevidsthed.

I en krop, der er i live og en krop, der er død, er de fysiske ingredienser nøjagtig de samme: hjerte, lever, lunger, nyrer, tarm, muskler, negle, blodlegemer osv. Den eneste forskel mellem en krop, der er i live, og et lig er, at i den levende krop er energifeltet til stede i form af auraen og i et lig er energifeltet forsvundet (55). Dette fortæller os, at det, der gør et legeme levende, ikke er af fysisk karakter. Det er af åndelig karakter i form af det stråleformede stof i det menneskelige energifelt / bevidsthed.

Det betyder, at det levende væsen primært er et elektrisk væsen eller et åndeligt væsen. Det er altid i live i sit energifelt / bevidsthed. Den fysiske krop er kun af sekundær karakter. Det er derfor, at nærdødsopleverne enstemmigt påstår, at de var nøjagtig den samme uden deres fysiske krop. Den fysiske krop var kun et midlertidigt instrument, der blev brugt af det åndelige legeme til at opleve den fysiske verden.

Når energifeltet / bevidstheden har trukket sig ud af kroppen, er det blevet frataget sin energikilde, og som ethvert andet elektrisk instrument fungerer den ikke uden elektricitet. Den er død uden sin energikilde.

Else Byskov

Kroppen dør, når den ikke længere er et nyttigt instrument for bevidstheden/ånden. Da kroppen er en fysisk ting, er den udsat for slitage. Når vi lever vores liv på det fysiske plan, bliver vores krop slidt, og vi ældes. På et givet tidspunkt er kroppen ikke længere et egnet instrument til åndens /bevidsthedens /sjælens oplevelse af det fysiske plan, så den trækker sig ud, og vi siger så, at kroppen er død. Fordi det var ånden, der holdt kroppens fysiske ingredienser sammen, vil den begynde at opløses og rådne, så snart ånden forlader den. Men for ånden er det en stor oplevelse at frigøre sig fra kroppen, når den ikke længere er i funktionsdygtig stand. Helt ligesom nærdødsopleverne siger.

Loven for bevarelse af energi

Vores åndelige krop rummer alle oplysninger om, hvem vi er. Vi har altid vores åndelige krop, fordi der er tale om et energifelt, og energi kan ikke skabes eller ødelægges i henhold til loven for bevarelse af energi (56). Det betyder, at vi har videnskaben fysik på vores side, når vi nu hævder, at vores energifelt / bevidsthed / ånd / sjæl er uforgængeligt, da det består af en type stof, der ikke kan ødelægges. Vi lever for evigt i vores energifelt / ånd / bevidsthed. Det er kun lejlighedsvis, at vi har en fysisk krop ud over vores åndelige krop. Vi har sådan en fysisk krop ud over vores åndelige krop, når vi er inkarneret på en fysisk planet, som vi er lige nu.

Vores "jeg" og bevidsthed

Det menneskelige energifelt er identisk med vores bevidsthed, fordi energi rummer både kraft og information. I centrum af vores bevidsthed har vi vores "jeg", som vi oplever som kernen i, hvem vi er. Omkring dette "jeg" sidder vores bevidsthed. Vores bevidsthed udgør vores evne til at opleve og manifestere. Det er også et lagringselement for vores samlede tankesfære, men det rummer meget mere end tanker. Det rummer også vores vilje, erindringer, intelligensniveau, karaktertræk og personlighed, evner, vaner, smag og tendenser, følelsesmæssig intelligens, sym- og antipatier, vores dispositioner (hvad vi kan acceptere og er villige til at gøre, hvad vi kan nænne at gøre mod andre, hvad vi tør eller er bange for), vores mulige fobier, følelser og reaktionsmønstre, moral og etik, grundlaget for vores adfærd, vores dyder eller mangel på samme, alle vores oplevelser, al den viden, vi har akkumuleret, vores humoristiske sans og vores talenter. Alt, hvad vi er, alle egenskaberne ved den person, vi er, findes i vores bevidstheds energifelt, og disse oplysninger ligger kodet i den stråleformede materie som bølgeinterferensmønstre. I feltet ligger alle oplysninger om det individ, som vi kalder "jeg". Vi ER vores bevidsthed.

Det blev påpeget, at energifeltet i vores bevidsthed afspejles i vores aura. Det betyder, at vores bevidsthed ikke er placeret i hjernen, som man generelt tror, men aldrig har bevist. Teorien om, at bevidsthed opstår, når neuroner gnider mod hinanden, er aldrig blevet bevist. Det er en antagelse.

Vores bevidsthed ligger indlejret i strålerne og bølgerne i energifeltet, der omgiver en krop, der er i live. Bevidsthedens position kan ikke begrænses til et bestemt sted i kroppen, endsige hjernen; den overskrider kroppens grænse og kan ikke holdes inde, fordi dens natur er sådan, at den trænger igennem fysisk stof og stråler ud fra det i alle retninger på samme måde som lyset stråler ud fra en elektrisk pære uden at blive begrænset af glaskuglens fysiske stof.

Vores bevidsthed er noget, vi udvider og forfiner for hvert liv, vi lever. I hvert fysisk liv høster vi en masse erfaringer og hårdt tjente lektioner. Vi gemmer essensen af disse lektioner i en del af vores bevidsthed (vores overbevidsthed), der af Martinus kaldes "vores skæbneselement". Vores skæbneelement kan ses som en slags 'opbevaringsrum' for vores erfaringer. Indholdet af skæbneelementet ledsager os fra liv til liv. For hvert fysiske liv, vi lever, høster vi mange oplevelser, og det betyder, at vi for hvert liv bliver klogere, mere indsigtsfulde, mere moralske, mere medfølende og alkærlige, fordi disse sider af vores personlighed forfines gennem erfaring. De erfaringer, vi har lært, efterlader et aftryk i vores overbevidsthed, så vi i et senere liv, når vi er i en situation, der ligner en, vi var i, i et tidligere liv, vil kunne trække på disse erfaringer og undgå at gentage fejl og dårlig dømmekraft. På denne måde vokser omfanget af vores bevidsthed for hvert liv, vi lever.

Cellefornyelse

Hvordan kan vi nu vide, at vi ikke er identiske med vores fysiske krop? Det kan vi, fordi vores fysiske krop er under en konstant fornyelsesproces. Vores fysiske krop består af billioner af levende celler. I dag er det blevet klart, at vores cellers gennemsnitlige levetid er tre måneder. Derefter dør de og erstattes af nye celler. På den måde er vores krop i en konstant fornyelsesproces. Denne fornyelsesproces er gældende for alle cellerne i vores krop: blodlegemer, muskelceller, lungeceller, knogleceller osv. Nogle celler fornyer sig hurtigere end andre, men det er en videnskabelig kendsgerning, at alle celler i vores krop er blevet fornyet efter ca. et år. Vi har derefter en helt ny fysisk krop i forhold til den, vi havde for et år siden.

Dette gælder også for vores hjerneceller. De gennemgår også en cyklus af fornyelse. Dette punkt har været kontroversielt, fordi man troede, at vi havde de samme hjerneceller hele livet. Vi var på en eller anden måde nødt til det, for hvis hjernecellerne også blev fornyet, hvor var det konstante element i vores krop så? I kroppen skal der være et konstant element, noget der altid er der på trods af cellefornyelsen. Der skal være noget, der rummer vores identitet, vores minder og vores selvfølelse hele livet igennem. Dette konstante element var og bliver stadig af mange forskere udnævnt til at være hjernecellerne. For hvis det ikke er hjernecellerne, og alle andre celler bliver udskiftet hele tiden, hvor er det konstante element i kroppen så? Dette er ganske umuligt at forklare, hvis vi tror, at vi ER vores fysiske kroppe. Så længe vi tror, at vi er identiske med vores fysiske krop og kun består af fysisk stof, så kan vi umuligt forklare, hvad der udgør det konstante element i kroppen, hvis alle vores celler, inklusiv hjernecellerne, fornyes konstant.

Det er imidlertid blevet bekræftet af forskning, at også vores hjerneceller fornyes. Det var en gruppe forskere, ledet af afdøde neurolog Peter Eriksson (1959-2007), fra Sahlgrenska Sjukhuset, Göteborg, Sverige, der har vist, at produktion af nye nerveceller fortsætter i visse dele af den menneskelige hjerne hele livet. Det store gennembrud for denne forskning kom i 1998. Peter Eriksson og hans team fremlagde beviser i det videnskabelige tidsskrift Nature Medicine for, at nye nerveceller kan dannes i hjernen hos voksne mennesker. Dette resultat var opsigtsvækkende, og fundet blev af The New York Times hyldet som den vigtigste videnskabelige opdagelse i 1990'erne (57).

Hvis vi holder os til tanken om, at vi er identiske med vores fysiske krop, har vi altså en krop uden et konstant element. En sådan krop ville ikke være i stand til at huske noget ud over dens hjernecellers levetid. Den ville ikke blot ikke have nogen minder der var ældre end måske 6 måneder, men den ville heller ingen identitet og selvfølelse have. Det ville være en tom skal af fysisk stof i en konstant fornyelsesproces. Den ville være som en computer uden software: en tom skal der ikke kunne foretage sig noget som helst.

En kort ekskurs i hvor og hvordan erindringer lagres (58)

Et spørgsmål, som neurologer har forsøgt at besvare, er, hvordan lagring af erindringer foregår. Lagring af erindringer menes at finde sted i hjernen, men hvordan denne lagring faktisk foregår, har man ikke til fulde beskrevet. Med erkendelsen af fornyelsen af hjernecellerne er det ikke blevet lettere at forklare, hvordan de fornyede celler i hjernen kan rumme erindringer, der er meget ældre end cellerne selv.

Nu har neurologer påpeget, at når celler formerer sig, skaber de en kopi af sig selv. Med andre ord så deler cellen sig til to identiske celler. På denne måde duplikeres hvert nyt aspekt, der konstant tilføjes om hvem jeg er (min voksende "bank" af erindringer) i de nye celler. På denne måde videregives den information, der er indlejret i cellerne, fra celle til celle, hver gang den deler sig. På denne måde skal cellerne gemme mere og mere information, hver gang de formerer sig. Med andre ord vokser informationsbelastningen i cellerne konstant.

Men er vi sikre på, at det er sådan hukommelsen fungerer? Ved vi med sikkerhed, hvordan processen med lagring af erindringer fungerer? Der synes at være forskellige teorier om dette. En teori er, at der sker en ændring i RNA (ribonukleinsyre) i hjernecortexens celler for at kode hukommelsen i hjernens proteinmateriale. En anden teori er, at peptider i hjernen aktiveres, når en hændelse gemmes som en erindring. En tredje teori er, at neurotransmittere ændres, når impulser bliver lagret.

Spørgsmålet er stadig, om vores erindringer faktisk kan spores til et bestemt sted i hjernen. Har vi nogensinde fundet ud af præcist, hvor en bestemt erindring er gemt?

Neuropsykolog Karl Lashleys (59) arbejde bør nævnes i denne forbindelse. I mere end tredive år var Lashley involveret i forskning i den mekanisme, der er ansvarlig for hukommelse. Lashley forsøgte at finde ud af, om erindringer kunne findes på bestemte steder i hjernen.

Lashley arbejdede med rotter, og han trænede dem til at udføre forskellige opgaver, såsom at gennemløbe en labyrint. Derefter fjernede han forskellige dele af deres hjerner kirurgisk og fik dem til at gennemløbe labyrinten igen. Det, han forsøgte at gøre, var at skære det sted væk i hjernen, hvor de specifikke erindringer om at gennemløbe labyrinten blev gemt. Derfor forsøgte han at skære alle mulige dele af hjernen ud. Men uanset hvilken portion han skar ud, kunne han ikke fjerne erindringerne om at gennemløbe labyrinten: kendskabet til, hvordan man navigerer labyrinten forblev intakt. Til sin store overraskelse fandt Lashley ud af, at han simpelthen ikke kunne fjerne erindringerne. Konklusionen på denne forskning var, at erindringerne ikke var lokaliseret i nogen bestemt del af hjernen.

Hardwaren og softwaren

Det var ikke så underligt, at Lashley ikke kunne lokalisere erindringerne i hjernen, for det er ikke der, de er. De er i energifeltet / bevidstheden, ikke i den fysiske krop. Martinus siger det klokkeklart: hele vores fysiske krop udskiftes konstant, og efter et år har vi en ny krop, der består af nye celler, sammenlignet med den, vi havde for et år siden. Der er ikke en celle til stede i kroppen, der også var der for et år siden, ifølge Martinus.

Hvis vi ser på tre fotos af os selv fra forskellige aldre, lad os sige 1 år gammel, 10 år gammel og 25 år gammel, ser vi på tre helt forskellige fysiske kroppe, der ikke har en eneste celle til fælles. Men vi kigger stadigvæk på billeder af den samme person. Hvordan kan det være?

Det kan kun skyldes, at den fysiske krop ikke er den, vi er. Den er hardwaren. Hvem vi er, er vores energifelts bevidsthed / ånd / sjæl. Feltet er softwaren. Denne software rummer både information og energi, og den sidder i energifeltet eller auraen / astrallegemet. Denne auriske krop er lige så virkelig som vores fysiske krop. Det er en krop, der er meget lettere og mindre tæt end vores fysiske krop, men alligevel er det en krop med alle sine sanser intakte. Dens eksistens afhænger ikke af at være knyttet til en fysisk krop. Det er omvendt: den fysiske krop er afhængig af at være knyttet til sit energifelt for at være i live.

Igennem et helt fysisk liv er denne auriske krop det konstante element i den fysiske krop, og det udgør endvidere det organiserende princip i kroppen. Aurafeltet er ansvarligt for det avancerede samarbejde mellem kroppens milliarder af celler. Derudover indeholder det alle oplysninger om den person, vi er, og fordi vi bruger et stort antal fysiske kroppe i løbet af et fysisk liv, reinkarnerer dette felt med al den opdaterede software dagligt i det konstant fornyede fysiske stof i kroppen. Reinkarnation er ikke noget, der kun finder sted imellem liv, men også inden for et og samme liv.

Reinkarnationsprincippet

Denne brug af flere fysiske kroppe i løbet af en levetid kan bekræftes ude i naturen, når vi ser på sommerfuglen. Dette interessante insekt gør brug af 3 forskellige kroppe inden for én levetid: efter at det er klækket ud af ægget, bruger det derefter en larves krop, så en puppes krop, og til sidst en sommerfugls krop.

Det er krystalklart, at sommerfuglen bruger 3 forskellige legemer i et og samme liv. Kroppene er forskellige, men sommerfuglen er det samme væsen. Dette er reinkarnationsprincippet, udfoldet så alle kan se det. Reinkarnation er et universelt princip, og alle livsformer reinkarnerer lige fra atomer via celler, molekyler, organer, planter, dyr, mennesker, planeter, solsystemer osv. Livet er blevet opbygget som livsformer inde i livsformer. Det er gennem reinkarnation, at liv i form af energi bliver 'blæst' ind på det fysiske plan.

Sommerfuglens transformation kan siges at være mere dramatisk end vores egen, fordi sommerfuglen praktisk talt udskifter alt sit fysiske stof på én og samme tid, hvorimod vores reinkarnation ind i det konstant fornyede stof i den fysiske krop er mere gradvis.

Vores kropslige fornyelse er dog stadig dramatisk. I alt er estimater af celleomsætning hos et voksent menneske omkring 50-70 milliarder om dagen. De fleste er epitelslimhindecellerne, der forer vores fordøjelseskanal fra mund til anus. Det betyder, at mere end 40 millioner celler udskiftes i timen, 700.000 tusind i minuttet og mere end 10 tusinde i sekundet. Sikke en omsætning!

Det konstante element i ethvert levende væsens fysiske krop er dets ånd eller bevidsthed. Bevidstheden leverer den energi / livskraft, der er nødvendig for at opretholde livet plus al den information, der er nødvendig for kroppens funktion: det komplekse samarbejde mellem billioner af celler. Uden disse oplysninger hvordan kunne det avancerede samarbejde så være organiseret? Åndens / bevidsthedens energi er det, der giver kroppen liv, det, der giver den evnen til at bevæge sine lemmer, til at tænke, føle, elske og være til.

Hjernen (60)

Nuvel, hvad så med hjernen? Den menneskelige hjerne er en 1, 3 kg. masse af grårosa væv, og den menes at være sammensat af 200 milliarder neuroner, hvoraf 20 milliarder er placeret i hjernebarken. Hjernen ses som kontrolcenteret for de fleste vitale funktioner, og det menes, at hjernen er ansvarlig for de fleste af de aktiviteter, der foregår i kroppen, faktisk at den er selve centrum for vores personlighed. Det menes også generelt, at bevidsthed og selvfølelse er effekter af hjernens neuronale aktiviteter, men dette er som allerede nævnt aldrig blevet bevist.

Det antages generelt, at det er hjernen, der behandler alle de stimuli, der kommer ind i kroppen fra sanserne og fortolker dem og giver dem mening. Men selvom hjernen menes at udføre disse komplicerede processer, er det kun 5 - 10 % af hjernens kapacitet, der er i brug. Det meste af hjernen er ubrugt og ligger ledig hen. I betragtning af den vigtige rolle, hjernen spiller som kroppens kontrolcenter, kan det undre, at en stor del af den ikke er i brug. Der er mange ubesvarede spørgsmål i forbindelse med hjernen. Det er et yderst kompliceret organ, hvis mange forskellige funktioner stadig ikke er forstået til bunds.

Det er her blevet argumenteret for, at vores bevidsthed ikke sidder i hjernen, og at den ikke opstår der. Hvad er så hjernens funktion? Svaret er, at hjernen og nervesystemet udgør et avanceret elektrisk system, der fungerer som en slags modtager af input fra omgivelserne og som en udsender af det stråleformede stof i vores energifelt. Hjernen er i virkeligheden en slags antenne, der er ansvarlig for et højere udsendelsessystem. Vores tankefunktion kan sammenlignes med radiobølger, men disse bølger er meget kortere end de kendte radiobølger. Vi udsender og modtager disse korte radiobølger hele tiden, mens vi er vågne. Alle slags tanker, ideer eller forestillinger er i virkeligheden jegets opfattelse af disse mikroskopiske "radiobølgelængder". Når vi tænker, gør vi brug af de mikroskopiske bølgelængder, og når vi er vågne, modtager vi en stor mængde af disse mikrobølger via vores sanser. Det er hjernen, der er ansvarlig for denne udsendelse og modtagelse fra vores omgivelser af disse fine bølgelængder. Det er et avanceret emissionssystem. Specifikke bølgelængder kommer ind i hjernen via hjernebarken på specifikke steder, og det har fået neurologer til at tro, at tankerne opstod i barken. Men det gør de ikke. De trænger bare ind der. Det betyder, at hjernen hverken rummer eller producerer bevidsthed, den overfører den blot fra feltet / auraen.

Når vi vil dele vores tanker med andre, må vi forvandle dem fra den stråleformede materie i vores bevidsthed til en udtryksform, som andre kan opfatte. Med andre ord må vi give dem et fysisk udtryk. Det kan vi gøre via tale, tegnsprog eller skrift. Vi kan sige, at vi materialiserer vores tanker, når vi taler eller skriver. Og på samme måde dematerialiserer vi andres tale eller tanker, når vi læser eller lytter til deres ord, som derefter transformeres i hjernen til stråleformet materie og sendes videre til vores bevidsthed for at blive fortolket.

Vores hjerne behandler nogle af de oplysninger, der er gemt i feltet i henhold til vores vilje, og derfra kan vi give den ønskede information et fysisk udtryk. En konstant udveksling af indgående og udgående oplysninger behandles i hjernen, hvilket er som en afsender og modtager af information.

Vores bevidsthed indeholder en stor mængde information, meget mere information, end vi er bevidste om. Når oplysningerne filtreres gennem hjernen, bringes den til vores dagbevidstheds kendskab. Hjernen kan derfor ses som "stikket" eller dekoderen, der forvandler det stråleformede stof til noget, som vi bliver bevidste om.

Bølgelængder og loven for tiltrækning

Som allerede påpeget er vores bevidsthed et energifelt. Et energifelt har en bestemt vibration, og denne vibration skaber en bølgelængde, som feltet opererer på.

Den mest kraftfulde naturlov i universet er loven for tiltrækning og frastødning. Denne lov bestemmer ganske enkelt, at energier på identiske bølgelængder tiltrækker hinanden, og at energier på forskellige bølgelængder frastøder hinanden. Eller: identiske bølgelængder tiltrækker hinanden.

Vores bevidstheds energifelt har også en bestemt bølgelængde, som det opererer på. Når energifeltet trækker sig ud af det fysiske legeme ved dødens indtræden, vil det på grund af loven for tiltrækning automatisk blive tiltrukket til en lignende bølgelængde i den åndelige verden.

Det er denne tiltrækning til en åndelig bølgelængde, som nær-dødsopleverne føler, når de bevæger sig meget hurtigt gennem en slags tunnel og ender på en bestemt destination i den åndelige verden.

Den åndelige verden

Ligesom vores ånd / bevidsthed består af stråleformet stof eller energi, gør den åndelige verden det også. Den åndelige verden, hvortil vi kommer hen, når vi passerer over eller ´dør´, er en let tankeverden på et uendeligt antal forskellige bølgelængder. Der er en bølgelængde for hver type tankesfære. Da vores bevidsthed opererer på en bestemt bølgelængde, vil loven for tiltrækning føre den hen til en bølgelængde, der matcher dens egen. Vores bevidstheds bølgelængde er i høj grad defineret af den type tanker, vi tænker. En hadefuld tanke har en vibration, der er forskellig fra en kærlig tankes. Det betyder, at det er indholdet af vores bevidsthed, der bestemmer dens bølgelængde, som igen bestemmer, hvor vi kommer hen i den åndelige verden. Kunstneren vil komme hen til en bølgelængde, hvor andre kunstnere bor, forskeren vil komme hen til en bølgelængde, hvor andre forskere bor, terroristen til en bølgelængde, hvor andre terrorister bor, den kristne vil se Kristus, buddhisten vil se Buddha osv. Der er ingen moralsk dom i dette, det er simpelthen den måde loven for tiltrækning fungerer på.

Når vi har trukket os ud af den fysiske krop, vil vi opleve den åndelige verden som en ydre, synlig virkelighed, ligesom nær-døds opleverne siger. Det er en vidunderlig verden med lyksalighed, visdom og kærlighed, og vores ophold dér udgør en hvileperiode efter den fysiske verdens prøvelser, trængsler og udfordringer (61).

Den åndelige verden, som vi ankommer til, så længe vi tilhører planeten Jorden, er til stede i planetens aura (kendt som dens magnetfelt). Jorden er et levende væsen med en aura ligesom alle andre levende væsener. Men ud over jordens magnetfelt er den åndelige verden til stede i hele universets "tomrum". Det 'tomrum' er slet ikke tomt, det er fuld af energi, og da energi er selve den type materie, som bevidstheden består af, lever vi i et bevidst univers.

At komme tilbage

Efter en ophold på det åndelige plan kommer der en tid, hvor vi skal tilbage til det fysiske plan for at komme videre med vores evolution. Jeg vender tilbage til vores evolutionære rejse senere, men da reinkarnationsprocessen udgør mit vigtigste bevis for den menneskelige bevidstheds overlevelse af døden, vil jeg gå ind i denne proces med betydelige detaljer og forklare, hvordan reinkarnation finder sted.

Reinkarnationsprocessen

Ligesom det er loven for tiltrækning, der bestemmer vores destination i den åndelige verden, når vi passerer over, er det den samme lov, der bestemmer vores destination, når vi igen kommer ind på det fysiske plan. Det er den bølgelængde som vores jeg og dets bevidsthed opererer på, der er afgørende i reinkarnationsprocessen. Når de diskarnerede væsener har haft en god lang hvileperiode i den åndelige verden, er der et tidspunkt, hvor de bliver modne til reinkarnation. De ønsker derefter at vende tilbage til det fysiske plan for at komme videre på deres evolutionære rejse, og de forbereder derfor deres genindtræden i den fysiske verden.

For at kunne passere fra det åndelige til det fysiske plan, skal det diskarnerede væsen have adgang til en lille mængde fysisk stof, hvorfra det kan begynde at skabe sit nye fysiske legeme. Denne lille mængde fysisk stof er til stede i æg- og sædcellen fra to fysiske væsener af modsat køn. Men hvordan kommer det diskarnerede væsen i kontakt med dette nødvendige fysiske materiale? Det er loven for tiltrækning, der sørger for det, og når de rigtige omstændigheder er til stede, vil det diskarnerede væsen automatisk blive tiltrukket til det elskende par, hvis fælles energifelt er på samme bølgelængde som dets eget.

Under normale omstændigheder kan et fysisk væsens vibrationen ikke nå et niveau, der er højt nok til at komme i kontakt med et diskarneret væsen på det åndelige plan. Men under samlejet og opbygning til orgasme stiger og stiger vibrationen i energien fra de to fysiske sexpartnere til det punkt, hvor den er høj nok til at komme i kontakt med et diskarneret væsen. Det er under elskovsaktens kulmination, at parrets fælles energifelt opnår en bølgelængde, der er tilstrækkelig høj til at tiltrække den bølgelængde, som det diskarnerede væsen, der nu 'venter' på det åndelige plan, udstråler.

Men kontakten kan først blive etableret, når der er nok 'fælles karaktertræk' mellem det diskarnerede væsen og samlejepartnere, det vil sige, når de to parters energier har nok 'vibrationslighed', dvs. når de ligner hinanden tilstrækkeligt med hensyn til art, evner, tilbøjeligheder, udviklingsniveau og talenter. Det er først, når der er tilstrækkelig vibrationslighed mellem det diskarnerede væsen og dets fremtidige forældre, at befrugtning kan finde sted.

Men ikke alene er et match i art og evolutionært niveau afgørende, der skal også være et bestemt match i talenter. Det diskarnerede væsen vil kun blive tiltrukket til forældre, hvis talentmasse er forenelig med dets egen. En vis lighed i talentmasse skal være til stede for at den nødvendige tiltrækning kan finde sted. Når disse betingelser er opfyldt, og de to sæt energier vibrerer på ens bølgelængder, tiltrækkes de af hinanden og smelter sammen. Denne proces foregår helt automatisk gennem den måde, loven for tiltrækning fungerer på. Så, når vi er diskarnerede på det åndelige plan, bliver vi, når vi er klar til at reinkarnere, automatisk tiltrukket til vores kommende forældre gennem denne lovs virkemåde.

Jeg skal nu præsentere et af Martinus´ symboler der illustrerer hvordan denne proces finder sted. (62). Symbolet bliver ledsaget af Martinus Instituts obligatoriske, officielle forklaring ©

Symbol 34

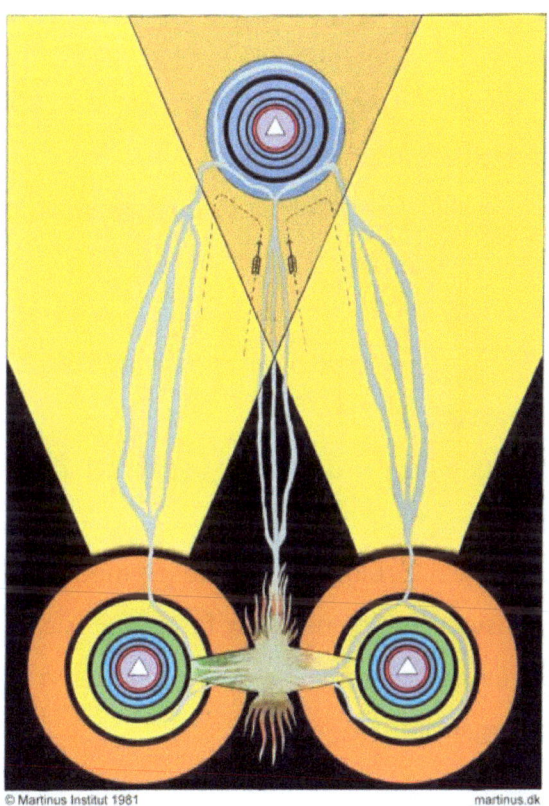

Parringsakten eller Guds ånd i mørket

Else Byskov

Resume af forklaring til symbol 34 – Parringsakten eller Guds ånd i mørket:

Centrale detaljer i symbolet:

- Den runde figur nederst til venstre symboliserer hankønsvæsenet og figuren til højre hunkønsvæsenet.
- De store gule stråler, som udgår fra disse væsener, symboliserer, at de befinder sig i en parringsakt.
- Den runde figur foroven symboliserer et diskarneret væsen, som lever i salighedsriget.

  Det gulgrå felt omkring salighedsvæsenet symboliserer en atmosfære, som er blandet af salighedsvæsenets aura og de fysiske væseners parringsaura. Denne atmosfære bevirker salighedsvæsenets forbindelse eller kontakt med fosterskabelsen i moderlivet.

- Den halvvejs stråleformede korsfigur mellem de to parringsvæsener symboliserer parringsaktens kulmination.
- Ud fra denne figurs udstråling udgår en indigofarvet trådlignende figur, der går op om salighedsvæsenet foroven. Den forbinder dette væsen med hunkønsvæsenet og besjæler fostermaterialet i moderlivet. Og hermed begynder skabelsen af en ny fysisk organisme.

På symbolet ser vi, at der er tre og ikke kun to væsner involveret i befrugtningsprocessen: de to sexpartnere og det diskarnerede væsen eller den indkommende sjæl. Af disse tre spiller den indkommende sjæl langt den vigtigste rolle. Det gør den, fordi al information om, hvordan en ny krop skabes, ligger indlejret i sjælens bevidstheds- / energifelt, ligesom den gjorde det igennem hele dets sidste fysiske liv som allerede forklaret. Forældrene leverer kun det nødvendige fysiske materiale til at få processen sat i gang.

I denne forbindelse er det vigtigt at understrege, at intet væsen arver sine talenter fra sine forældre. Alle de talenter, vi har, er resultater af vores egen praksis i tidligere liv, og det er loven for tiltrækning, der sørger for, at vi bliver født hos forældre, der har en vis lighed i talentmasse med vores egen.

Automatfunktioner

I vores skæbneelement har vi et stort antal talenter, der er ansvarlige for alle de automatiske funktioner i vores fysiske krop. En automatfunktion er en evne, vi har, som vi ikke er klar over, såsom vejrtrækning, hjerteslag, tarmbevægelse, lever-, nyre- og hjernefunktion, blodgennemstrømning, menstruationscyklus osv. Vores fysiske krop fungerer på basis af de automatfunktioner, der er lagret i vores skæbneelement.

Der er én automatfunktion, der ligger over dem alle og det er vores talent for skabelse af en ny fysisk krop. Det er på grundlag af dette talent, at det diskarnerede væsen kan skabe sit næste fysiske legeme i livmoderen på den kvinde, der bliver dets nye mor.

Else Byskov

Alle disse automatfunktioner er et resultat af øvelse og forfinelse over tusinder af liv.

Fosterdannelsens mysterium

Dette har nogle revolutionerende konsekvenser for vores måde at forstå undfangelses- og fosterdannelsesprocessen på. Det menes generelt, at forældrenes gener er alt, hvad der kræves for at skabe en ny organisme, og alligevel er denne proces så gådefuld, at vi ikke kan sige, at vores videnskab har forstået den til bunds. De kan beskrive, hvad der sker under embryogenesen, men hvordan det sker er et stort mysterium. Hvad embryologerne har overset, er den indkommende sjæls store rolle. Der er en 'tredje part' til stede under befrugtningen: det diskarnerede væsen, der er klar til at reinkarnere, og befrugtning finder kun sted, når det diskarnerede væsen slutter sig til 'festen'. Det diskarnerede væsen initierer celledelingen, og det spiller endvidere hovedrollen gennem hele embryogeneseprocessen. Den skaber sin nye krop fuldstændig i sin egen favør, hvilket betyder, at den skaber en krop baseret på sine egne talenter for legemsskabelse og sit eget udviklingsniveau, så den nye krop bliver et lydigt fysisk redskab for væsenets ånd, bevidsthed og vilje i dets kommende fysiske liv.

Under fosterdannelsesprocessen er det det diskarne væsen i sit informationsfyldte energifelt, der orkestrerer hele processen. De to kønsceller har ingen anelse om, hvordan det foregår. Forældrenes arvemateriale fungerer kun som initieringen af processen. Den befrugtede ægcelle (zygote) udgør det fysiske grundmateriale, hvorfra det diskarnerede væsen kan begynde at skabe en ny krop i fysisk stof. Så snart befrugtning har fundet sted, er det det diskarnerede væsen, der styrer embryogeneseprocessen med de oplysninger, den har gemt i sit energifelt. Dets egne talenter vil være det dominerende arvemateriale for det nye barn. Det betyder, at dets akkumulerede talenter, der er skabt og forfinet i tidligere liv, vil præge det væsen, der nu er i gang med at reinkarnere, og de vil dominere i det nye barn. Forældrenes gener spiller kun en mindre rolle.

Generne

I dag menes det, at et nyt barn udelukkende er skabt på grundlag af forældrenes gener. Det er på baggrund af de 23 par kromosomer fra hver af kønscellerne, at et barn skabes. I kromosomerne finder vi generne. Det er blevet fastslået, at mennesket har cirka 30.000 gener. Det endelige antal gener blev engang antaget at være 100.000, men nu er antallet reduceret til omkring 30.000. Generne er blevet sporet til bestemte steder på kromosomerne. Vi kan konstatere på hvilket af de 23 kromosompar, et bestemt gen findes. Et gen er en række parrede nukleotider på et bestemt sted på et kromosom, og genet indeholder opskriften på et protein. Denne opskrift er gemt i den dobbelte helix, som i form af en snoet stige ligger inde i cellekernen og mitokondrier. Pakkerne med information, der er gemt i den dobbelte helix, omtales som DNA. I DNA'et ligger alle opskrifterne til opbygning af levende væseners proteiner. DNA - koden er specifik for hvert enkelt individ. Ingen mennesker har identiske DNA -koder.

På trods af at alle celler i en specifik krop har den samme DNA - kode, har vi cirka 200 forskellige celletyper i vores krop. På trods af at koden for cellerne er identisk, er cellerne meget forskellige, og de udfører forskellige opgaver i kroppen. Nogle er blodlegemer, nogle nerveceller, nogle muskelceller, nogle lungeceller, nogle leverceller osv. DNA -koden er identisk i alle celler, men ikke desto mindre er cellerne meget forskellige. Denne differentiering sker ved aktivering og deaktivering af visse dele af den dobbelte helix. På den måde sker ændringer i cellekarakteristika og funktioner. Der er en dynamik et sted, og spørgsmålet er: hvad orkestrerer denne differentiering? Hvem eller hvad 'fortæller' cellerne, hvilken del af helixen der skal aktiveres, og hvilken del der skal deaktiveres? Hvor denne dynamik kommer fra er et stort mysterium for videnskaben.

Lad os betragte spørgsmålet om celledifferentiering: Når ægcellen er blevet befrugtet af sædcellen, begynder den at dele sig. Zygoten indeholder 23 par kromosomer, 23 fra faderen og 23 fra moderen. Efter befrugtning undergår zygoten celledeling eller spaltning. Således deler cellen sig i to identiske celler, disse to deler sig i fire, de fire deler sig i otte osv. I cirka 2 uger formerer cellerne sig ved blot at dele den samme celle. Efter disse to uger er der en temmelig stor mængde identiske celler. Men nu sker der en besynderlig ting med disse såkaldte stamceller. Cellerne begynder at differentiere sig. En dobbeltvægget sæk, gastrula, dannes. Ydervæggen i denne sæk kaldes ectoderm, den indre væg kaldes endoderm, og et tredje lag, mesoderm, udvikler sig mellem disse to lag.

Disse tre lag udvikler sig til kroppens forskellige organer. Ektodermen udvikler sig til hud og nervesystem, mesodermen udvikler sig til skelet-, muskulatur- og kredsløbssystemerne plus dele af urin- og reproduktionssystemerne, og endodermen udvikler sig til fordøjelses- og åndedrætssystemet og dele af urin- og reproduktionssystemerne. Det betyder, at cellerne begynder at diversificere, at foretage en arbejdsfordeling. Alle cellerne indeholder identiske gener og DNA, men ikke desto mindre begynder de at lave forskellige proteiner. Nogle dele af DNA'et aktiveres, og nogle dele undertrykkes. Med andre ord bliver der manipuleret med oplysningerne i DNA'et. Men hvem foretager manipulationen? Hvordan ved cellerne, hvornår og hvordan man aktiverer bestemte dele af DNA'et og deaktiverer andre? Hvorfra kommer stimulansen til at starte denne differentiering? Hvorfra henter cellerne informationen om, hvordan man kan differentiere? Hvorfra ved cellerne, hvorhen de skal rejse til deres korrekte rumlige placering i embryoet? Hvem programmerer cellerne til pludselig at udføre en differentiering og fordeling af arbejdskraft, der ikke var der i første omgang, dvs. i zygoten? Pludselig er der en slags information til stede i zygoten, der ikke var der til at begynde med. Information er blevet tilføjet et eller andet sted fra, og dette sted er: energifeltet tilhørende den indkommende sjæls bevidsthed eller undfangelsens tredjepart.

Når en menneskebaby er klar til at blive født, består den af omkring 6000 milliarder celler. Så i løbet af ni måneder har den ene celle fra det befrugtede æg udviklet sig til en overordentlig kompleks struktur bestående af 6.000.000.000.000 celler. Denne enorme mængde celler er organiseret i en logisk struktur, så den danner et færdigt, funktionelt menneske. Menneskekroppen er en overordentlig kompleks, men alligevel perfekt fungerende levende struktur. Vi kan sige, at det ser ud som om denne struktur er blevet dannet med en hensigt og i henhold til en plan. Hvis der ikke var nogen plan, hvordan kunne en perfekt fungerende struktur så opstå? Uden en plan, hvordan skulle cellerne kunne vide, hvordan de foretager en arbejdsfordeling? Der skal være en plan et eller andet sted, for uden den, hvordan ville de 6000 milliarder celler kunne organisere sig i en logisk og funktionel struktur?

Menneskekroppens enorme kompleksitet og logiske funktionsmåde fortæller os, at den er blevet til på grundlag af en plan. For at der kan være en plan, skal der være en tænker og skaber bag planen. Uden en tænker, ingen plan. Vi har aldrig set en plan blive udklækket uden en tænker.

Så når det menneskelige embryo dannes ud fra de to kønsceller, må der være en tænker bag denne skabelse. Der er viden og knowhow og logisk tænkning bag denne yderst komplekse, men alligevel velfungerende skabelse. Denne viden om, hvordan man skaber det nye menneskes komplicerede krop, findes ikke i ægget og sædcellerne.

Men i energifeltet / bevidstheden fra den indkommende sjæl er denne information til stede. Den var til stede igennem hele dets sidste fysiske liv (og dets mange tidligere inkarnationer), og det er til stede nu under embryogeneseprocessen. Det betyder, at den indkommende sjæl begynder sin nye inkarnation ladet med den samlede ophobning af talenter, automatfunktioner, oplevelser, erindringer og karaktertræk, som den har udviklet og høstet gennem alle sine tidligere liv. Det er på basis af denne akkumulerede information, at den nu kan skabe sit nye legeme i livmoderen og dermed fortsætte sin udvikling på det fysiske plan. Væsenet er grundlæggende det samme, som det var i sin sidste inkarnation og under sit ophold på det åndelige plan, og når det har skabt sit nye fysiske legeme ved hjælp af grundmaterialet fra sine forældre, fortsætter det sin udvikling, lige der, hvor det stoppede, da det 'døde' sidste gang. Dette betyder igen, at jeget med dets bevidsthed er det samme fra inkarnation til inkarnation, overvejende defineret af sine egne talenter, som det har akkumuleret og forfinet gennem en hel række tidligere liv. Jeg vender snart tilbage til spørgsmålet om talenter. Det diskarnerede væsen vil tage nogle træk fra sine nye forældre, men det er grundlæggende det samme væsen fra liv til liv, fordi informationen om hvem det er ligger indlejret i det stråleformede stof i dets auriske felt / bevidsthed, og det er denne information, der bestemmer resultatet af embryogenesen. Det betyder, at den rolle, som forældrenes gener spiller, er langt mindre vigtig, end man hidtil har antaget.

Under sine utallige besøg på det fysiske plan har jeget i sit energifelt praktiseret legemsdannelse og dermed akkumuleret viden om, hvordan det gøres. Denne knowhow ligger indlejret i energifeltets stråleformede materie i form af talenter og er blevet en automatfunktion. Denne knowhow er uundværlig for skabelsen af det nye legeme i livmoderen. Uden den kan en baby simpelthen ikke dannes.

Da denne knowhow består af stråleformet materie i form af elektromagnetiske signaler, kan den ikke spores fysisk. I fysisk materie er der intet at se. Men oplysningerne er der som stråleformet materie. Vi har simpelthen ikke kigget på det rigtige sted. Men selvfølgelig, for at vi kan lede på det rigtige sted, er vi nødt til at vide, at materie kan eksistere i en tilstand, der ikke er fysisk.

Dette forklarer, hvordan børn kan huske tidligere liv, som det fremgår af Ian Stevenson og Jim Tuckers forskning. Det er simpelthen den måde, hvorpå reinkarnation finder sted.

Epigenetik

Det var efter den manglende succes med The Human Genome Project (63), at forskerne indså, at den almindeligt accepterede teori om genetisk determinisme var utilstrækkelig og ikke kunne forklare menneskers mangfoldige egenskaber. Der var simpelthen for få gener. Desuden var det blevet bemærket, at der var en dynamik et sted, der afgjorde om visse gener blev undertrykt eller fik lov til at komme til udtryk. Denne erkendelse gav anledning til, at udtrykket epigenetik blev introduceret og formuleret på et møde i Cold Spring Harbor i 2008. Epigenetik er studiet af ændringer i arveanlæggene, der ikke involverer ændringer i DNA-sekvensen. Eller sagt på en anden måde: det er undersøgelsen af, hvad der har manipuleret med det genetiske materiale, så nogle dele af DNA'et er blevet undertrykt, og andre dele er blevet aktiveret.

I sin bredeste forstand kan epigenetik bruges til at beskrive alt andet end den egentlige DNA -sekvens, der påvirker udviklingen af en organisme. Men hvad dette 'alt andet' egentlig er, er ikke rigtig blevet defineret. En effekt af den genetiske manipulation er blevet bemærket, men hvad der udfører manipulationen er stadig et mysterium. Nogle forskere hævder, at det er placeringen af en celle i en organisme, der afgør ændringer i DNA -sekvensen, men dette er ikke blevet bevist.

Under embryogenesen ligger årsagen til den genetiske manipulation i den stråleformede materie i den indkommende sjæls bevidsthed, som skaber sin nye krop fuldstændig i sin egen favør så den passer dens egen arvelighed fra tidligere liv. Den nye fysiske krop vil i stor udstrækning blive skabt efter det diskarnerede væsens ønsker og vil være et lydigt redskab for dette væsen i dets fortsatte evolutionære rejse.

Æg- og sædcellen kan ikke udføre embryogenesen alene. De kan levere det genetiske grundmateriale, men de har ikke knowhow til at skabe et foster. Der er simpelthen ikke nok information til stede i de to kønsceller til at fuldføre fosterskabelsen, og forskning fra The Department of Zoology, University of Oxford har afsløret, at der tilføjes information i løbet af processen (64). Denne tilføjede information kommer fra det diskarnerede væsen, der nu er ved at genindtræde i fysiske materie. Generne alene er ikke nok. Epigenetikken under fosterdannelsen ligger i den stråleformede materie i den indkommende sjæls bevidsthed.

I den information, som jeget har liggende i sit elektriske felt / bevidsthed, ligger know-how om hvordan en menneskekrop skabes. Gennem praksis har det akkumuleret viden om, hvordan en fysisk krop skabes. Fordi det har gjort det før, ved det nøjagtigt, hvordan man opbygger en krop.

Else Byskov

Vores talenter

En ekstremt vigtig ingrediens i vores bevidsthed er vores talenter, lagret i vores skæbneelement. Så snart vi begynder at dyrke en bestemt aktivitet, f.eks. madlavning, skabes en lille talentkerne i vores skæbneelement, og hver gang vi øver os i at lave mad, vokser talentkernen en smule. Hvis vi laver meget mad, vokser og vokser vores talent, og fra at være en kerne bliver det til et "træ". Når talentkernen vokser, aflaster den gradvist hjernen fra opgaven med at koordinere den aktuelle proces.

Vi ved alle, at det fungerer sådan fra de mange automatfunktioner i vores krop. Som nævnt virker en automatfunktion i vores krop uden vores bevidste kendskab til den. For eksempel, når vi går, behøver vi ikke konstant at fortælle vores ben: Sæt den ene fod frem og derefter den anden. At gå er noget, der er blevet en automatfunktion ligesom vores hjerteslag, vejrtrækning, lever- og nyrefunktion osv.

Jo mere vi øver, jo mere vil talentkernen overtage udførelsen af opgaven. Vi tager det perfektionsniveau, som talentkernen har nået, med os ind i vores næste liv. Så når vi reinkarnerer, vil vi have et talent for madlavning, der afspejler den mængde øvelse, vi har udført over en række inkarnationer. Det fungerer sådan, fordi der kun er én måde at blive god til noget på, og det er ved at øve.

Vi ved, at det fungerer sådan, når vi ser på, hvordan vi bliver gode til noget i dette liv. Hvis vi f.eks. vil lære at spille klaver, skal vi øve os. Vi bliver ikke gode til at spille klaver ved at ligge på sofaen eller læse om det. Vi skal øve og øve og øve noget mere. Og når vi gør det, bliver vi så gode til det, at vi ikke kan forstå, at vi engang havde svært ved det. I vores skæbneelement har vi en enorm mængde talenter i varierende grader af perfektion, og hver af dem afspejler den mængde praksis, vi har dedikeret til den særlige aktivitet over mange liv.

Det bedst tilgængelige bevis for at menneskets bevidsthed overlever døden er den væsentlige rolle, som den indkommende sjæl spiller i fosterdannelsesprocessen. De talenter, der blev praktiseret og perfektioneret i tidligere liv, er imidlertid også uafviselige vidnesbyrd om at menneskes bevidsthed overlever døden.

I dag ser vi flere og flere 'uforklarlige' tilfælde af børn, der udviser enorme talenter for forskellige færdigheder og aktiviteter, og de er umulige at forklare uden begrebet reinkarnation. YouTube er fuld af videoer, der viser små børn, der udfører opgaver, der er usandsynlige i étlivs teoriens regi.

Et eksempel kan være den britiske dreng Joshua Beckford (65), der allerede udviste en overlegen intelligens, da han var baby. Allerede ti måneder gammel kunne han identificere tal og bogstaver på et tastatur og huske dem. Når hans far bad ham om at pege på et tal eller bogstav på tastaturet, kunne han gøre det. Han kunne læse højt i en alder af tre og kunne skrive på tastatur, før han kunne skrive i hånden. Han lærte sig selv japansk også i en alder af tre. Da han var seks år, blev han optaget på et særligt program ved Oxford University for begavede børn. Han tog kurser i historie og filosofi og bestod med udmærkelse. Han har været vært for sit eget TED -show.

Else Byskov

Der er også mange eksempler på små børn, der er virtuoser til at spille klaver. Igen har YouTube mange videoer, hvor de kan ses optræde (66).

Jeg udfordrer enhver, der ville hævde, at det at spille klaver på dette perfektionsniveau kan opnås på de få år, fra barnet kan nå tangenterne, til det kan spille som en virtuos. Det kan simpelthen ikke lade sig gøre på så kort tid, selvom barnet øvede sig dag og nat. Vi ved, hvilken kompliceret proces det er at spille klaver på dette niveau af virtuositet, og da det ikke kan forklares inden for barnets korte levetid, skal det nødvendigvis komme fra et andet tidspunkt, hvor barnet kunne have øvet denne færdighed. Og hvad kunne et sådant tidspunkt være andet end et tidligere liv?

Martinus siger, at det at opnå en klavervirtuos´ perfektionsniveau typisk vil tage 3-4 inkarnationer af flittig daglig praksis. Det er ikke nogen lille bedrift og absolut ikke noget nogen bare kan blive født med uden at have øvet det før. Det er heller ikke noget, der kan findes i et gen.

Man kan finde mange forskellige talenter hos børn i dag, såsom enorme talenter for at tegne og male som f.eks. hos Arkiane Kramarik (67).

Men det er ikke kun klavervirtuoser og geniale malere, der udviser talenter. Det gør vi alle. Vi er alle født med talenter for noget, og vi behøver ikke at lede særlig langt for at opdage disse talenter blandt vores familiemedlemmer eller venner. Min søn kunne synge en børnesang, som jeg bestemt ikke havde lært ham, da han kun var 8 måneder gammel. En vens barnebarn kunne læse, da hun var fire år uden at nogen havde lært hende det, mit ældste barnebarn er en fantastisk rocksanger og startede et band med sine venner, da han var 13 år gammel. Et andet barnebarn begyndte at synge som en engel, da hun var 12 og gør det stadig. Vores datter udviste et ekstraordinært talent for at køre bil i en alder af fem, da vi lod hende prøve radiobilerne på et lokalt marked. Helt himmelfaldne stod vi og så vi på, hvordan hun svingede sin bil rundt på banen med stor dygtighed og beslutsomhed. Talenter blomstrer overalt, og jo mere vi skrider frem i vores udvikling, jo flere talenter vil vi se hos mennesker i fremtiden.

Talenter som ingen af forældrene har

Et barn har en dobbelt arv: fra sine egne tidligere liv og fra sine forældre. Det er førstnævnte, der spiller den vigtigste rolle. På vores nuværende udviklingsniveau tager vi 25-30 % fra hver forælder og 40-50 % fra os selv, det vil sige fra praksis og talenter fra tidligere liv. Når vi udvikler os, vil procentdelen fra os selv vokse.

Næsten alle børn har talenter, som ingen af deres forældre eller bedsteforældre har. Dette er et stort mysterium for videnskaben og ikke et, der kan forklares, så længe vi tror, at alt, hvad vi er, stammer fra forældrenes gener. Videnskaben er tavs omkring dette mysterium, og jeg har ikke engang set en teori udtrykt.

Eksistensen af talenter hos børn, som ikke deles med forældrene, kan kun have én forklaring: barnet har sin egen arv med sig, når det reinkarnerer. Da vi ved, at det kræver øvelse at blive god til noget, så skal barnet have været et sted, hvor det kan have øvet talentet. Hvad kan et sådant sted være andet end et tidligere liv?

Else Byskov

Lad mig blot nævne et eksempel på uforklarlig (inden for étlivs-teorien) arv, der ikke kan stamme fra forældrene: den verdensberømte danske historiefortæller Hans Christian Andersen. Hans mor var vaskekone og kunne hverken læse eller skrive og hans far var skomager. Hvorfra skulle HCA have fået sit enorme talent for historiefortælling, hvis ikke fra sig selv? (68)

Søskende af samme køn

Nu er det sådan, at alle kønsceller fra den samme mand har identiske kromosomer med identiske gener, og det samme gør sig gældende for alle æg fra den samme kvinde. Hvis en ny krop udelukkende kunne skabes på grundlag af forældrenes kromosomer, så ville alle søskende af samme køn nødvendigvis være identiske. De bør være identiske, fordi de stammer fra det samme genetiske materiale.

Men det er de ikke! Søskende af samme køn er slet ikke identiske. Hvordan kan det nu være?

Embryologer hævde nok, at de har en god forståelse af, hvordan genudvælgelsesprocessen finder sted, og at de har fundet den mekanisme, der diversificerer søskende af samme køn fra hinanden. Men jeg vil påstå, at det, de har fundet, er resultatet af den genetiske selektion, der udføres af det diskarnerede jeg, der nu er i gang med at reinkarnere. Hvad de ser er resultatet på molekylært niveau af denne udvælgelse. Hvis udvælgelsen af hvilke gener, der kommer i spil, ikke bliver foretaget af nogen i henhold til en plan, så må den være resultatet af en tilfældig udvælgelse. Men kan en tilfældig udvælgelse virkelig være ansvarlig for et menneskes komplekse struktur? Har studiet af molekylærbiologi ikke vist, at de kemiske processer i et menneske er overordentlig komplekse? Er vi bare tæt på at kunne forstå disse processer? Jo mere vi ser, jo mere forbløffede bliver vi. Menneskekroppens fungeren er genial. Tror vi virkelig, at denne fantastiske fysiske / kemiske / elektriske struktur er skabt ved en tilfældighed? Tror vi virkelig, at tilfældighed spiller selv den mest ubetydelige rolle i at få en så kompleks struktur til at fungere? Er denne forklaring ikke bare et udtryk for manglen på en reel og gyldig forklaring?

Er det ikke mere logisk og sandsynligt, at den knowhow, der er indlejret i den indkommende sjæls bevidsthed, er den, der er ansvarlig for forskellen mellem søskende af samme køn? Og at denne faktor er blevet overset, fordi videnskaben har ledt efter den på det forkerte sted: i fysisk materie, som ikke er der, hvor den er.

Den information, der er ansvarlige for forskellen mellem søskende af samme køn, ligger i bevidstheden hos den indkommende sjæl, der har skabt sin nye krop baseret på sin egen arvelighed fra tidligere liv - en arvelighed der er baseret på opøvelse af færdigheder og de efterfølgende talenter.

Når nogle søskende alligevel ligner hinanden i visse henseender, er det fordi de har det samme genetiske materiale til rådighed. Hver søskende vælger og vrager fra det genetiske materiale, men de vælger aldrig nøjagtig de samme DNA -sekvenser. De vælger, hvad der passer dem, og nogle gange passer det dem alle at have faderens tykke mørke hår. Men nogle gange gør de det ikke. Udvælgelsen er helt op til den indkommende sjæl.

Else Byskov

De ufødte og nyfødte (69)

Tanken om, at det er et erfarent væsen, en 'gammel sjæl', der bebor et nyfødt barns krop, understøttes af nyere undersøgelser af endnu ufødte fostre og nyfødte babyer. Indtil for nylig blev det antaget, at det nyfødte barn er en 'tabula rasa' eller en ren tavle, hvorpå historien om dets ene liv skal skrives. Men denne antagelse er man ved at forlade og der er eftertrykkeligt blevet stillet spørgsmålstegn ved den baseret på de seneste 'in utero' - undersøgelser af endnu ikke fødte børn.

Disse undersøgelser er blevet foretaget af The International Society of Prenatal and Perinatal Psychology and Medicine (ISPPM) (70), der har holdt konferencer hvert andet år siden det blev grundlagt i Wien i 1971. Gennem forskning i, hvad der sker 'in utero' (i livmoderen), er vores viden om, hvad det ufødte barn kan, vokset betydeligt, og gamle dogmer om den nyfødte er blevet opgivet i snesevis.

Engang troede man, at den nyfødte ikke kunne føle, se, høre, smage eller sanse. Man troede, at den nyfødte ikke kunne gøre nogen af disse ting, før den var mindst et par måneder gammel. Som et resultat af dette har fødselsprocedurerne været hårde og brutale. Barnet blev slået i halen for at få dets vejrtrækning i gang, er blevet stukket for at få blodet testet, dryppet i øjnene, rør er blevet indført i lungerne, og det er ofte blevet øjeblikkeligt adskilt fra sin mor. Alt dette er blevet gjort, fordi det blev antaget, at barnet ikke kunne registrere nogen af disse ting.

Men vi ved nu, at fosteret allerede kan høre i livmoderen, og at det har en skarp hørelse allerede fire eller fem måneder efter undfangelsen. Fosteret kan høre længe før fødslen. Det kan reagere på forskellige lyde og skelne mellem forskellige slags musik. På en fødestue i London blev der spillet musik for de ufødte. Beethoven, Brahms og hård rockmusik gjorde dem rastløse, Vivaldi og Mozart beroligede dem (71).

Et nyfødt barn har også en skarp lugtesans, så snart luften rammer næsehulen ved fødslen. I et eksperiment blev nyfødte udsat for forskellige lugte, der blev præsenteret for dem på vatpinde, der blev holdt under deres næser. Babyens ansigtsudtryk viste en klar præference for visse lugte og utilfredshed med andre lugte. Dette viste, at nyfødte har en vis erfaring med forskellige lugte kun én dag gammel.

Vi ved også nu, at babyer er klar til at bruge deres øjne, så snart de er født. Tests viser, at en baby kan følge genstande næsten lige så godt som voksne, der tager den samme test. Den nyfødtes øjne er godt koordineret allerede ved fødslen. Hvordan kan de være, hvis barnet ikke tidligere har erfaring med at fokusere, tilpasse sit syn og fortolke, hvad det ser?

En anden undersøgelse viser, at to dage gamle babyer ikke havde problemer med at identificere deres mødres stemmer, uanset om de talte engelsk eller fransk, fra andre kvinders eller mænds stemmer. For at gøre dette skal barnet være i stand til at forstå talerytme, intonation, frekvensvariation og fonetik.

Umiddelbart efter fødslen kan den nyfødte gøre brug af en lang række lyde: skrig, klynk, hyl, hoste, bøvser, nys, tilfredse smålyde og grynt. Det betyder, at barnet allerede er en erfaren kommunikator og kan udtale lyde, der udtrykker mening. Hvordan kan dette være muligt, hvis barnet ikke tidligere har erfaring med at kommunikere?

Disse nylige undersøgelser af, hvad ufødte og nyfødte kan gøre, tyder klart på, at barnet allerede har en bevidsthed og en personlighed ved fødslen, at det har erfaring med at tolke sanseinput, og det kan gøre en lang række ting. Hvis det ikke allerede havde lært at gøre disse ting, hvordan kan vi så redegøre for disse evner? Forskningen peger på, at vi er nødt til at revidere vores syn på vores ufødte og nyfødte. Hvis de ikke havde levet før og lært at udføre de mange 'tricks', de mestrer, hvorfra ville de så kunne have disse færdigheder? Hvis et nyfødt barn blev født uden tidligere erfaring, ville det ikke være i stand til at høre, smage, se, føle, lugte, lave lyde, udtrykke individualitet og personlighed, for ikke at nævne at have en bevidsthed. Det er indlysende, at den nyfødte baby er et erfarent væsen, der nu i sit nye ´instrument´ skal vænne sig til at betjene en ny krop.

Når barnet er født, lærer det også hurtigt at gøre mange andre ting. Efter et par måneder i vuggen lærer det hurtigt at kravle og derefter at gå og tale osv. Hvordan kunne det lære at gøre disse ting så hurtigt, hvis det rent faktisk ikke vidste det allerede? Det at kravle er et godt eksempel. Barnet ruller om på maven, strækker armene, bøjer benene og kravler. Det at kravle er en yderst kompliceret aktivitet, som omfatter mange forskellige muskelgrupper og en masse koordination, men alligevel lærer barnet generelt at kravle hurtigt og uden at nogen lærer det hvordan. Alt barnet skal lære er, hvordan man styrer sin nye krop. Men det ved allerede, hvilke muskler der skal aktiveres og hvornår, fordi disse oplysninger ligger gemt i dets bevidsthed. Det eneste, det skal gøre, er at få sin nye krop til at adlyde.

Når et barn bliver født, rummer det de evner og talenter, det har praktiseret og perfektioneret i løbet af tidligere liv. Hvis det ikke var tilfældet, hvordan kunne babyer så gøre alle de ting, de gør, og være meget forskellige med hensyn til karaktertræk, temperament, færdigheder, intelligens osv.? Når børn udviser forskellige evner, karaktertræk og talenter, er det fordi de har akkumuleret forskellige erfaringer i deres tidligere liv.

Fordi ingen af os har haft nøjagtig de samme erfaringer i vores tidligere liv, er vi ikke alle lige kyndige, lige moralske, talentfulde eller intelligente. Nogle er mere udviklede på nogle områder, og andre er mere udviklede på andre områder, alt afhængigt af den individuelle akkumulering af erfaringer over en række tidligere liv.

Multipel personlighedsforstyrrelse (MPF) (72)

Et andet fænomen, der tæller som bevis for den menneskelige bevidstheds overlevelse efter døden er Multipel Personlighedsforstyrrelse (MPF). Dette fænomen har undret lægevidenskaben i årtier. I tilfælde af MPF ser det ud til, at der er mere end én personlighed der bebor en fysisk krop. Hvordan kan det være muligt? I sin bog om multipel personlighedsforstyrrelse skriver Dr. Frank W. Putnam (73): *"Enhver teori eller model, der søger at forklare organisationen af og strukturen i menneskets bevidsthed og adfærd, skal redegøre for de fænomener, der findes i multipel personlighedsforstyrrelse"* (side 27).

Jeg accepterer udfordringen og vil redegøre for MPF i det følgende.

MPF er en alvorlig og livshæmmende sygdom, hvor tilsyneladende forskellige personligheder bor i den samme krop. Generelt er der en værtspersonlighed, hvis navn står på fødselsattesten. Men udover værten kan der være en hel række andre personligheder, kvinder, mænd og børn, der bor i samme krop. Disse forskellige personligheder udviser meget forskellige talenter, tilbøjeligheder og sygdomme. Én personlighed kan være flydende i fransk, hvilket kan være et sprog, der ikke mestres af værten. En anden personlighed kan være venstrehåndet, mens værten er højrehåndet. En kan have sygdomme, som en anden ikke har osv.

For at give læseren en idé vil jeg gerne citere fra R. Osgood Mason, der i 1893 skrev følgende om sin patient Alma Z:

"I stedet for den veluddannede, betænksomme, værdige, kvindelige personlighed, som plejede at være der, nedslidt af langvarig sygdom og smerte, viste der sig en intelligent, livlig barnepersonlighed med et begrænset ordforråd, der var ugrammatisk og med en ejendommelig dialekt, decideret indisk af karakter, men som den blev brugt af hendes yderst fascinerende og underholdende. Intellektet var skarpt og klogt, hendes opførsel var livlig og godmodig, og hendes intuitioner var bemærkelsesværdigt korrekte og hurtige, men mærkeligste af alt var hun fri for smerter, kunne indtage mad og havde en god mængde styrke ... Hun besad ingen af den erhvervede viden som den primære personlighed havde ... "(74).

Dette citat viser, at to helt forskellige personligheder med forskellige talemønstre, intellekt, styrke og fysiske symptomer synes at bo i den samme krop. Lad os se på en forklaring på, hvordan og hvorfor dette ejendommelige fænomen kan opstå.

Vi har set i dette essay, at det menneskelige energifelt /bevidsthed /sjæl er en selvbærende enhed, og at den eksisterer uafhængigt af den fysiske krop. Denne enhed overlever døden. I energifeltet ligger alle de oplysninger, der er egenartige for et specifikt individ: alle dets karaktertræk, viden, vilje, erindringer, kreative evner, adfærdsmønstre, talenter, intelligens, fornuft, moral, personlighed, følelser, angst og fobier, smag og dispositioner, sym- og antipatier, selvfølelse og sundhedstilstand (75). Med andre ord er alt, hvad der definerer det specifikke individ, lagret i energifeltet / bevidstheden.

Hvad der normalt sker, når energifeltet adskilles fra det fysiske legeme ved dødens indtræden, er, at det kommer ind på en bølgelængde på det åndelige niveau, der matcher det, dets eget energifelt opererer på, som allerede forklaret.

I visse tilfælde kan energifeltet eller ånden imidlertid hænge fast på det fysiske plan, efter at dets fysiske krop er død. Overgangen til de åndelige riger på de højere vibrationsniveauer i den åndelige verden kan forhindres af det nu diskarnerede væsens vilje, og dets ånd bliver 'fanget på jordplanet'. I et sådant tilfælde har ånden få eller ingen måder hvorpå det kan interagere med det fysiske niveau, så det føles 'hjemløst' og ønsker derfor at tage et andet fysisk væsens krop i besiddelse, så det kan få en kortvarig chance for at manifestere sig på det fysiske plan. Når en sådan besættelse finder sted, bliver den person, hvis krop således er blevet invaderet, ramt af MPF.

MPF opleves for det meste af patienter, der var udsat for alvorlige psykiske og fysiske traumer i en ung alder. Når et barn bliver fysisk eller psykisk misbrugt, bliver virkeligheden simpelthen 'for meget at bære', og barnets bevidsthed trækker sig tilbage fra dets fysiske krop. Bevidstheden løsriver sig fra den grusomme virkelighed, der er så fuld af smerte og ydmygelse, ved delvist at forlade sin krop. I tilfælde af ekstremt misbrug kan barnet udvikle en evne til fuldstændigt at løsrive sig fra den fysiske virkelighed. Når dette sker, fjerner det en del af sit auriske felt fra dets fysiske krop. Når auraen er blevet fjernet delvist, efterlades kroppen mere eller mindre forsvarsløs imod besættelse fra 'hjemløse' jordbundne ånder. Auraen udgør et skjold af energi, som er en effektiv beskyttelse mod besættelse, når den er intakt og sund. Men når auraskjoldet er blevet delvist fjernet, er kroppen udsat og ubeskyttet mod invasion fra diskarnerede ånder. En svækket aura kan penetreres af andre ånder, og besættelse kan finde sted. Når endnu et energifelt eller "jeg" har taget en krop i besiddelse, starter der en kamp om kontrol over kroppen. Det er hvad der sker i MPF tilfælde. Kroppen er nu hjemsted for mere end én personlighed, og den bliver en kampplads om, hvem der bestemmer.

Når auraen først er blevet penetreret af én besættende ånd, er den ikke længere en stærk og uigennemtrængelig aura. Skjoldet er så at sige blevet sænket, og det er ´hullet´, og når først én besættelse har fundet sted, bliver kroppen mere eller mindre forsvarsløs imod andre besættende ånder. Det betyder, at andre 'hjemløse' ånder ret let kan få adgang til kroppen. Af denne grund ser vi ofte, at et stort antal personligheder kan bo i den samme krop. For hver ny besættelse bliver auraen mere svækket, og kroppen efterlades forsvarsløs imod yderligere besættelser. I tilfælde af MPF ligger det gennemsnitlige antal personligheder omkring 15, men helt op til 50 forskellige ånder kan bo i et legeme.

De personligheder, der således kommer til at bo i den samme krop, er virkelige diskarnerede væsener. De er almindelige 'mennesker' uden deres egen fysiske krop. De er ikke forskellige fra de mennesker, vi møder, når vi går på gaden, blot har de mistet deres egen fysiske krop og er gået på jagt efter et sted, hvor de kan manifestere sig på det fysiske plan. Når de bevæger sig hvileløst rundt, finder de måske en person med en svækket aura, og så benytter de lejligheden til at trænge ind i den krop og besætte den. Hos en person, der lider af MPF, føres kontrollen over kroppen frem og tilbage mellem forskellige personligheder. I forbindelse med disse skift oplever patienten hukommelsestab, forvirring eller blackouts.

'Multiples' hjernebølgemønstre er blevet undersøgt, og disse viser meget tydeligt, at disse mønstre er forskellige fra en subpersonlighed til en anden. Hos en rask person ændres hjernebølgemønsteret sig aldrig, ikke engang under ekstreme følelsesmæssig ophidselse. Hvis en ændring i hjernebølgemønster er meget langt fra normen, er det klart, at der er noget usædvanligt på færde hos MPF -patienten.

Den MPF -lidendes subpersonligheder viser generelt meget stærke psykologiske forskelle fra hinanden - de er meget forskellige personligheder, og de vil eftertrykkeligt insistere på, at de er adskilte mennesker. Ud over at være meget forskellige i karakter demonstrerer de hver især nogle meget forskellige talenter: de har deres egen håndskriftstil, kunstneriske talenter, sprogfærdighed og IQ. Men det mest forunderlige er, at de udviser forskellige sygdomsmønstre og sundhedstilstande. Ofte vil en sygdomstilstand af en subpersonlighed på mystisk vis forsvinde, når en anden subpersonlighed tager over.

Selv ar på kroppen falmer fra den ene subpersonlighed til den næste. Stemmemønstrene for hver af en multipels subpersonligheder er ofte så forskellige, at ikke engang den dygtigste skuespiller kan ændre sin stemme i samme grad. En kvindelig multipel, indlagt på hospitalet for diabetes, forvirrede sine læger ved ikke at vise nogen som helst symptomer, når en af hendes ikke-diabetiske personligheder var i kontrol. Selv tumorer er blevet rapporteret at komme og gå efter hvilken subpersonlighed, der var i kontrol.

Dette kan kun forklares, når vi indser, at vi IKKE er identiske med vores fysiske krop, men med vores bevidsthed i dets informationsfyldte energifelt. I energifeltet ligger indlejret alle de oplysninger, der er specifikke for ét bestemt "jeg" sammen med information om kroppens indre organisation: dens sundhedstilstand, dens mulige sygdomme, dens talenter og evner og dens reaktionsmønstre over for forskellige stimuli. Alle de oplysninger, der definerer et bestemt "jeg", er indlejret i feltet. Den fysiske krop er ikke andet end et instrument for feltet, og den fysiske krop vil opføre sig som ethvert andet instrument: den vil opføre sig i henhold til instruktionerne fra den udøvende spiller. Hvis den udøvende spiller spiller melodien "flydende i fransk", er det den ´melodi´, som instrumentet vil frembringe. Kroppens celler er lydige undersåtter. De gør altid, som de får besked på.

De lydige celler reagerer på de instruktioner, de får fra det "jeg", der er i kontrol. I vores bevidstheds elektromagnetiske impulser ligger alle oplysninger om, hvordan cellerne skal fungere, indlejret. Når der kun er ét "jeg" i kontrol, viser kroppen konsekvent et ensartet reaktionsmønster.

Men når der er flere "jeger", der kæmper om kontrol over kroppen, er det helt logisk, at den fysiske krop vil reagere i henhold til instruktionerne fra det "jeg", der er i kontrol, og det er logisk, at instrumentet ændrer sin melodi i henhold til hvem der spiller det. Så snart et nyt "jeg" tager over, spilles der en anden melodi, og nu vil kroppen agere i henhold til instruktionen fra den nye spiller. Kroppen agerer nøjagtigt i henhold til de instruktioner der kommer fra det "jeg", der har kontrollen. Når flere "jeger" kæmper om kontrollen, spiller kroppen forskellige melodier alt efter hvem spilleren er.

Vi kan også sige, at MPD er en glimrende og eksplicit illustration af bevidsthedens indhold. Det bekræfter, at det er i bevidstheden, at alle karakteristika og talenter for et bestemt individ lagres, såsom evnen til at tale et fremmedsprog eller dialekt, stemmemønstre, venstre- eller højrehåndethed, fysiske symptomer og sygdomme (såsom epilepsi og diabetes), ar og modermærker, reaktioner på allergifremkaldende stoffer og hjernebølgemønster. Energifeltet kontrollerer den fysiske krop, som ikke er andet end et lydigt instrument, der adlyder de instruktioner, der kommer fra det regerende "jeg".

MPF er en alvorlig lidelse, der forhindrer den oprindelige ejer af kroppen i at have et normalt liv. Det er imidlertid muligt at få besætterne til at forsvinde via en ´udsmidningsteknik´ (76). Denne teknik indebærer at fortælle besætterne en efter en, at de er blevet opdaget og derefter bede dem om at forsvinde. Det vil hjælpe at tilkalde besætterens skytsengle, så de kan hjælpe under processen. Det er ikke sjovt at være en besætter i et andet væsens krop, så disse besættende ånder er ofte glade for at få hjælp til at foretage en ordentlig passage til det åndelige plan. De vil generelt være begejstrede for chancen til at komme videre.

Åndelige væsener uden en fysisk krop, der ikke har foretaget den korrekte passage til de åndelige riger, er muligvis ikke altid i stand til at finde en fysisk krop at besætte, og så strejfer de rundt i den fysiske sfære som diskarnerede ånder eller spøgelser, som allerede forklaret.

Else Byskov

Vores evolutionære rejse

Jeg har tidligere nævnt vores evolutionære rejse, så nu da det er blevet fastslået, at vi først og fremmest er åndelige væsener, og at vi altid har vores åndelige legeme, som er evigt, er det tid til at få et kort indblik i, hvad vi laver på denne rejse og hvordan vi tilbringer evigheden.

Vores eksistens er evig, og den har ingen begyndelse og ingen slutning. Hvis den havde det, ville den ikke være evig. Evigheden er en ufatteligt lang tid. Hvad stiller vi op med al den tid? Når vi bevæger os gennem evigheden, bevæger vi os i cyklusser, som derefter fortsætter opad i spiraler. Når vi er færdige med en cyklus, starter vi en ny på et højere niveau, og på denne måde gentager vi aldrig den samme cyklus. Under vores rejse har vi hele tiden nye oplevelser.

I en cyklisk bevægelse skal vi opleve både lys og mørke. Oplevelsen af kontrast er af afgørende betydning for vores evige evne til at sanse, fordi et fænomen kan kun opleves, hvis det er markeret af kontrast. Alle oplevelser, gode som dårlige, er berigende for vores udvikling. Vi oplever lys, kærlighed og lyksalighed på det åndelige plan mellem inkarnationer, og vi oplever mørke, smerte og mangel på kærlighed på det fysiske plan, det vil sige på en af de billioner af beboede fysiske planeter som Jorden, der findes i universet. Det fysiske plans 'raison d'etre' er at udgøre et sted, hvor den nødvendige kontrast til lyset og kærligheden på det åndelige plan kan opleves af de levende væsener.

På det fysiske plan går vi igennem evolutionære faser fra mineraler, via planter, dyr og primitive mennesker til udviklede mennesker. Disse faser har et mål. Målet med denne rejse er at blive rigtige, færdige mennesker med kosmisk bevidsthed, der kun kan udtrykke alkærlighed.

Efterhånden som vi udvikler os fra primitive til avancerede mennesker, undergår indholdet af vores bevidsthed en enorm mængde forskellige stadier fra grove, uvidende og egoistiske til raffinerede, kloge og alkærlige stadier. Udviklingen fra dyr til menneske har den effekt, at vores hjerne og nervesystem bliver mere og mere modtagelige for finere og finere energier eller tanker. Efterhånden som vores udvikling skrider frem, åbnes den ene ubrugte del af hjernen efter den anden, indtil vi når det punkt, hvor vi opnår kosmisk bevidsthed. Det er et stadium, vi alle vil nå, og vores evolutionære rejse vil uvægerligt føre os dertil.

Det er via reinkarnation og det ene fysiske liv efter det andet, at vi udvikler os på det fysiske plan. Vores udvikling kan kun gå fremad, og vi kan kun reinkarnere som en bedre version af os selv. Vi kan ikke reinkarnere som sub-menneskelige arter eller gå baglæns i evolutionen. Vores rejse kan kun gå fremad mod højere og mere avancerede stadier. Dette er let at konstatere, når vi ser på, hvordan vi har bevæget os væk fra at kunne glæde os over andres elendighed i løbet af de sidste 2000 år. I det gamle Rom var det et populært tidsfordriv at tage hen og se slaver eller gladiatorer blive dræbt og spist af vilde dyr i arenaen, og i middelalderen var det populært at se offentlige henrettelser på byens torv. I de mere avancerede lande i dag ville dette være utænkeligt, fordi flere og flere af os har udviklet en sensitiv mentalitet, der ikke kan holde ud at se andre levende væsener lide, det være sig mennesker eller dyr. Vores rejse vil tage os til et stadium, hvor vi er så medfølende og alkærlige, at vi kan mærke det på vores egen krop, hvis vi skal være vidne til grusomhed udført mod andre levende væsener.

Else Byskov

Hvert eneste menneske, der lever på denne planet, er et sted på denne rejse. Bag os har vi vores liv som planter, dyr og primitive mennesker, og vi er nu trådt ind på kulturmenneskets stadium. Men ikke alle mennesker er kommet lige langt på denne rejse. Nogle er stadig meget egoistiske, griske, intolerante og onde. De vil have magt og tænker kun på sig selv. De viger ikke tilbage fra at snyde, stjæle, lemlæstelse og dræbe Hvis de har magt, tager de hvad de vil have uden hensyntagen til andres ve og vel. De er de mindst udviklede.

Andre er mere udviklede og er venlige, hjælpsomme og medfølende. De melder sig frivilligt til at tage til krigszoner for at hjælpe mennesker i nød, de tænker på andre, før de tænker på sig selv, de går ind for fred og harmonisk sameksistens, og de spreder lys og kærlighed, hvor end de går. De meget forskellige psykologiske udtryk som planetens befolkning udviser, illustrerer at vi ikke alle står på samme udviklingsniveau. Nogle er kommet længere end andre. Men der er ingen moralsk dom i dette, det er bare et spørgsmål om, hvornår hver enkelt startede på sin nuværende cyklus (77). Alle vil i sidste ende nå det høje mål at blive færdige mennesker med kosmisk bevidsthed. Ingen er tabt eller glemt.

Lige nu er vi nået til et punkt i vores nuværende cyklus, hvor vi har passeret mørkets kulmination, som vi oplevede i det sidste århundrede med to verdenskrige og mange mindre krige. Men vi passerer stadig den mørke del af cyklussen, da der stadig er krige, drab og ulighed mange steder. Imidlertid kommer vi lidt efter lidt ud af dette mørke, men det opleves stadig, hvor der er uro, konfrontationer, terrorhandlinger, tortur, handlinger motiveret af griskhed og egoisme, skyderier, krige og pandemier. Men dette mørke er ikke en straf fra en vred Gud, men en nødvendig oplevelse af kontrast til lyset. Uden kontrastoplevelsen kan et evigt univers ikke eksistere. Det kan det ikke, fordi hvad ville der være at opleve, når alle de væsener, der lever i det, havde oplevet lyset til fulde? Så ville der ikke være andet end et evigt ´whiteout´ at opleve. Eksistensen af kontrast er af afgørende betydning for universets evige eksistens.

Livets udvikling på Jorden er noget, som vi alle har gennemlevet. Hele udviklingen af livet på Jorden er gennemlevet af hver enkelt af os personligt. Det er vores ånd/bevidsthed, der er reinkarneret i alle de enkelte planter, dyr og mennesker, der har beboet Jorden. I takt med de fremskridt, vi gjorde i hvert liv, udviklede vores bevidsthed sig, og vores kroppe måtte følge trop. Den primitive mentalitet gav anledning til et primitivt menneske, og en mere avanceret og human mentalitet gav anledning til et mere avanceret og humant menneske. Det er vores bevidsthed, der skaber vores fysiske krop, som allerede forklaret. Det er altid ´mind over matter´.

Så når vi taler om vores forfædre, var de os. De var ikke nogen andre, der levede før os. Gennem reinkarnation har vi alle levet igennem hele den menneskelige udvikling.

Else Byskov

Menneskehedens evolution er en rejse som hver eneste af os har foretaget

For hvert liv, vi lever, bevæger vi os lidt tættere på målet, fordi vores oplevelser med udfordringer, strabadser og lidelser på det fysiske plan udvikler vores intelligens og også vores medfølelse og evne til at udtrykke alkærlighed. Uanset hvor vi står på evolutionsstigen, vil vi alle nå målet en dag og blive til rigtige, færdige mennesker med kosmisk bevidsthed. Når antallet af de færdige mennesker når en kritisk masse, bliver et rige af fred, harmoni og universel kærlighed en realitet på denne planet. Dette vil ske om 2-3000 år ifølge Martinus. Men om ikke mere end 3-500 år vil den sidste krig blive udkæmpet på denne planet, og så vil vi hurtigt kunne lægge mørket bag os. Vores langsigtede fremtid er lys og smuk, fordi ingen kan undgå at udvikle sig hen imod den færdige tilstand.

Når vi har levet i det rigtige menneskerige i en række inkarnationer, holder vi op med at reinkarnere i vores nuværende cyklus, for nu har vi oplevet en kontrast til lyset, og vi kan forlade det det fysiske plans "klasselokale" for denne gang. Vi lever derefter i ´evigheder´ i den åndelige verden, indtil vi træder ind i vores næste cyklus, på et højere trin i spiralen, og vi skal igen opleve både lys og mørke i vores nye cyklus. Rundt og rundt og op og op går det for evigt med lys og mørke i hver cyklus.

For hvert liv, vi lever, lærer vi og udvikler vores karakter, vi bliver bedre, mere moralske, mere indsigtsfulde og kloge, mere medfølende og alkærlige. Fordi vi ikke er identiske med vores fysiske krop, overlever vi alle selv de mørkeste skæbner, og vi tager oplevelserne med os ind i vores næste liv i form af gaver, talenter, karaktertræk og frem for alt vores humane udvikling. I vores næste liv gælder det, at uanset hvor vi står på evolution stigen, vil vi blive en bedre version af os selv, simpelthen fordi vi tager essensen af det, vi har lært med os ind i vores næste liv. Til hver en tid står vi på toppen af vores personlige udvikling, og den person, vi er i dag, er summen af de mange lektioner, vi har lært i tusinder af tidligere liv.

Et bevidst univers

Det blev forklaret, at stråleformet materie eller energi er den type materie, som bevidstheden består af. Når 'det tomme rum' er fuldt af energi, betyder det, at det er fuldt af bevidsthedsmaterie. Så det, vi har derude i universet, er et bevidsthedshav, og det betyder, at vi lever i et bevidst univers. Dette bevidsthedshav gennemsyrer alt; det er overalt på både makro-, meso- og mikrokosmisk niveau. Denne bevidsthedsmaterie kondenseres derefter til at danne den fysiske verden af tid og rum. Men bevidsthedsmaterie er den første og primære type stof.

Else Byskov

En bevidsthed må nødvendigvis tilhøre et levende væsen, så dette giver os mulighed for at skrive en bevidst og kreativ enhed, en skaber eller simpelthen Gud, tilbage i ligningen, ikke som en eller anden vred dømmende fyr med et langt hvidt skæg, som er vred på os pga. vores synder, men som et princip for bevidst skabelse i kosmisk format. Dette giver os mulighed for at få et kosmisk gudsbegreb, som ikke har noget med religion at gøre. Universet er Guds legeme, og vi er alle bittesmå kvanta af det. Universet er et enormt stort og altomfattende levende væsen. I alle dele af dette ufatteligt store univers vrimler det med liv, og på utallige planeter er der menneskeheder ligesom os på forskellige udviklingstrin. Men der findes også planeter med livsformer, der adskiller sig meget fra dem, vi kender her på Jorden. Hvert væsen i universet er et lillebitte kvantum af det evige univers eller Gud, og det betyder, at vi er kosmiske rejsende, evige væsener. Det er simpelthen umuligt at udslette vores eksistens.

Det er logisk at antage, at der er en intelligent skaber bag universet med dets myriader af livsformer og bag de mange logisk fungerende skabninger på denne planet. Når det er sådan i vores menneskeskabte verden, at vi aldrig har set en logisk fungerende skabelse blive til uden en skaber, hvorfor tror vi så, at dette er anderledes for det synlige univers? Hvorfor tror vi, at alle de logisk fungerende legemer for de millioner af skabninger, vi ser på Jorden, er blevet til ved hjælp af naturlig selektion, tilfældighed og vilkårlige mutationer? At tro på dette går imod logisk tænkning, for ligesom der altid er en skaber bag alt menneskeskabt, er der også en skaber bag alt andet. De samme universelle love er gældende på alle niveauer.

Denne skaber har skabt sine kreationer på grundlag af intelligent tænkning og en plan. Når intelligent tænkning og en plan er en forudsætning for al skabelsen, så må dette princip nødvendigvis også være gældende for den fysiske verden, der omgiver os. Også den fysiske verden eller naturen er skabt på grundlag af en plan, udtænkt af en intelligent tænker. Dette bliver så meget mere indlysende, når vi observerer den ekstreme logik og balance, der hersker i naturen. Alt i naturen genbruges: vand, jord og fast stof. Stoffets kredsløb er velbeskrevet af forskere, men de mener stadig at det er opstået af sig selv uden en skaber. Tror vi virkelig, at harmonien, skønheden og balancen i naturen er blevet til på grundlag af ingen tænkning, ingen plan og ingen skaber? Denne tankegang trodser enhver logik. Den er ensbetydende med at tro, at en tornado kan blæse gennem en skrothandlers gård og samtidig samle en jumbo jet. Det er indlysende, at der også er en intelligent skaber bag den naturlige verden - hvordan skulle verden ellers være blevet skabt? Men alligevel fortæller videnskaben os, at alt i naturen, alle levende væsener, ja hele universet, er blevet til ved en tilfældighed på grundlag af en eksplosion og en skabelsesproces, der har vilkårlige og tilfældige uheld som styrende princip. Da dette er helt i modstrid med almindelig logik, kan det i bedste fald kun siges at udgøre en ikke-bevist teori.

Ligesom det menneskelige energifelt eller vores åndelige legeme er det første og primære legeme, hvorfra vores fysiske krop er skabt, er energifeltet i 'det tomme rum' den første og primære realitet, hvorfra den fysiske verden er blevet skabt. Da stråleformet materie er bevidsthed, er energihavet i 'det tomme rum' et bevidsthedshav. Det er fra og gennem denne bevidsthed, at alt fysisk stof er blevet skabt eller materialiseret. Denne måde at se verden på giver os mulighed for at skrive Gud tilbage i ligningen, ikke som en enhed, der har noget at gøre med religion eller tro, men som en logisk realitet, hvis eksistens er forudsætningen for eksistensen af både åndelig og fysisk materie og den fysiske verden. Da bevidsthedsmaterien tilhørende et højere væsen eller Gud gennemsyrer tomrummet, betyder det, at vi lever i et bevidst univers.

Konklusion

Døden er en illusion. En egentlig død forstået som et ophør af erfaringsdannelse og bevidsthed eksisterer ikke. Livet, ikke døden, gennemsyrer det evige univers. Fordi vi er små kvanta af dette univers, er vores eksistens også evig.

Étlivs-teorien, som er fremherskende i dag, er aldrig blevet bevist. Der er ikke et eneste bevis, der understøtter den. De, der følger denne teori, er troende, fordi de tror på noget, der ikke kan bevises og aldrig vil blive bevist.

Det bedst tilgængelige bevis for menneskets bevidstheds overlevelse af døden ligger i embryogenesen. Denne proces er et stort mysterium for videnskaben, og den kan ikke forklares uden den helt afgørende rolle som den indkommende sjæls spiller. Hvor er kilden til den ekstremt komplicerede og avancerede information, hvis ikke i den indkommende sjæls bevidsthed? Hvorfra får et menneske sine mange forskellige personlighedstræk, hvis disse ikke er baseret på dets oplevelser i tidligere liv? Og forklar venligst hvorfra den nyfødte baby får sin bevidsthed - en bevidsthed, den er født med - hvis den først skal skabes efter fødslen af de neuronale processer i hjernen. Da ingen neurolog har grebet hjernen 'på fersk gerning´ i færd med at skabe bevidsthed, er dette intet andet end en ikke-bevist teori.

At indse, at vores bevidsthed er en selvstændig enhed bestående af information/energi, der opererer på en bestemt og individuel bølgelængde, er nøglen til at forstå menneskets overlevelse efter kroppens død. Da dette bekræftes i alle de vidnesbyrd fra jordisk forskning, som jeg præsenterede i første del af dette essay og især i undersøgelsen af embryogenese og hos børn, der husker tidligere liv, i undersøgelser af præ- og nyfødte babyer, i multipel personlighed lidelser og også i vores mange talenter, hvoraf vi har mange som vi ikke deler med vores forældre, hvor mange flere beviser har vi så brug for? Jeg kan også sige det sådan: ethvert menneske, der er født, er et bevis på bevidsthedens overlevelse i og med at han/hun udviser talenter, individualitet, forskellige personlighedstræk, forskellige sundhedsproblemer, forskellige skæbner (78) og forskellige dagsordener, ønsker og planer for den nye inkarnation.

Vidnesbyrdene i dette essay forklarer på logisk måde, hvem vi er, og hvorfor vi er her. De viser, at vi har byttet om på for og bag, når vi giver første prioritet til fysisk materie. Når vi tror, at kun den fysiske verden eksisterer, har vi kun et halvt verdensbillede - et verdensbillede, hvor den vigtigste del, det åndelige niveau, mangler. Fysisk stof er kun sekundært. Den primære type stof er tanker eller åndeligt stof. Det er først når vi inkluderer det åndelige niveau i vores verdensopfattelse, at vi kan begynde at forstå verden. Universet består af to niveauer: det åndelige niveau og det fysiske niveau. Og ligesom det åndelige niveau er det vigtigste i universet, er vores ånd også den vigtigste del af vores kropslige struktur. Vi har altid vores åndelige krop, uanset om den er knyttet til en fysisk krop eller ej. Et evigt liv er ikke noget, vi får engang, men noget, vi allerede lever lige midt i lige nu.

At acceptere eksistensen af den åndelige realitet og dens rolle er ikke, som de fleste tror, et spørgsmål om tro eller religion, men blot om at udvide vores forståelse af hvad materie er og hvad virkeligheden er. Vi må forstå, at virkeligheden ikke er begrænset til den fysiske verden, til det, vi kan se og røre ved, men den omfatter en meget større energiverden, før og hinsides den fysiske verden.

Vores nuværende situation er blevet opsummeret af Martinus: *"Væsenet kan jo umuligt blive ved med at leve i ukendskab til den absolutte virkelighed, det lever i, og hvis reaktioner det dagligt må opleve. Det virkelige liv, det befandt sig i før dets nuværende fødsel, kaster alt for mange virkninger ind i dets nuværende tilværelse eller rummer alt for mange løsninger på dets nuværende skæbnes gåde, til at det ikke efterhånden skulle opdage det"*. (79).

Vores tidligere liv påvirker os hver dag. Den person, vi er i dag, er essensen af alle de erfaringer og oplevelser vi har indhøstet. På en måde ER vi vores tidligere liv, og disse liv kaster deres lange skygger ind i hvert nyt liv, vi lever. Måske er det NU, vi skal til at indse dette.

Jeg mener, at når vi er nået til et punkt, hvor vi, baseret på hvad vi allerede ved, logisk kan argumentere for, at døden ikke er endelig, burde verden vide det. Konsekvenserne af en sådan erkendelse er vidtrækkende og vil for altid ændre hele vores livssyn og den måde, vi opfatter os selv på. Denne viden indvarsler afslutningen på vores uvidenhed om den åndelige verden og eksistensen af vores egen ånd og den væsentlige rolle, den spiller i vores forståelsen af, hvem vi er.

Jeg har skrevet dette essay for at hjælpe andre med at bevæge sig væk fra de misforståelser, de har om livet, døden og mysteriet om begge. Det er ærgerligt, at så mange mennesker i dag lever deres liv med troen på, at de rent faktisk kan dø, og at døden er noget, man skal frygte. Jeg ønsker, at dette essay vil give andre mulighed for at se på livet i det rigtige perspektiv: et, der omfatter et uendeligt antal liv, så vi forstår den storslåede rejse, vi er på: en rejse fra uvidenhed til indsigt, fra primitivitet til stærkt intellektualitet, fra grusomhed til kærlighed i et univers, hvor grundtonen er kærlighed. Universet er et meget mere magisk sted, end de fleste af os nogensinde har forestillet sig.

Noter og referencer til Else Byskovs essay om den menneskelige bevidstheds overlevelse af døden

1. Else Byskov er en dansk forfatter til 9 spirituelle bøger som beskriver aspekter af Martinus´ åndsvidenskab. Martinus var en dansk visionær forfatter med en stærk intuition og han levede fra 1890 til 1981. Hans værk omfatter ca. 10.000 sider med åndelig indsigt. Else skriver mest på engelsk. Hun har hovedfag i spansk og bifag i engelsk fra Aarhus Universitet, Danmark. Hun er en international autoritet på Martinus´ åndsvidenskab, som er den mest omfattende afsløring af åndelig indsigt der nogensinde er åbenbaret for menneskeheden. Man kan læse mere om Martinus og se alle Elses bøger samt læse hendes blog på hendes hjemmeside: www.newspiritualscience.com

2. Raymond Moodys første bog: "Livet efter Livet " blev udgivet i 1975. Den har solgt over 13 million kopier og er blevet oversat til flere fremmede sprog. Moody har siden skrevet 7 andre bøger.

3. Raymond Moody: Life After Life, (1975), uddrag fra side 15-77. Harper Collins Publishers.

4. https://www.facebook.com/groups/673932322741183, https://www.facebook.com/groups/returnfromdeath, https://www.facebook.com/search/top?q=near%20death%20experiences

5. Dannion Brinkley: Saved by the Light (1975). Piatkus. Brinkley har efterfølgende skrevet adskillige andre bøger om sine to nær-dødsoplevelser.

6. Anita Moorjani´s bog: "Dying to be me" blev udgivet i 2014 af forlaget Hay House og fra at være ukendt blev Anita hurtigt berømt. Hun har siden udgivet andre bøger.

7. Eben Alexander: Proof of Heaven (2012) Piatkus. E.A. har efterfølgende udgivet 3 andre bøger.

8. Kenneth Ring: Life at Death - A scientific investigation of the Near-Death Experience (1982). William Morrow & Co. KR har efterfølgende udgivet 3 andre bøger.

9. Michael Sabom: Light and Death (1998). Zondervan. MS har efterfølgende udgivet andre bøger.

10. Melvin Morse: Closer to the light - Learning from the Near-death Experience of Children (1991). Ivy Books. MM har skrevet adskillige andre bøger.

11. Bruce Greyson: The Near-Death Experience: Problems, Prospects, Perspectives (1984) (publisher not informed) and other books. BG er Professor Emeritus i Psychiatry og Neurobehavioral Sciences ved University of Virginia. Hans nyeste bog "After" from 2021, udgivet af St. Martin's Essentials, har fået stor omtale og er allerede blevet oversat til adskillige andre sprog.

12. P.M. Atwater er forfatter til 18 bøger der omhandler den menneskelige bevidstheds overlevelse af døden.

13. Pim van Lommel: Consciousness Beyond Life: The Science of the Near-Death Experience (2010). Harper One. Pim van Lommel er en hollandsk forfatter og forsker i nær-dødsstudier. He arbejdede som kardiolog på Rijnstate Hospital, Arnhem, i 26 år.

14. Peter Fenwick: The Truth in the Light (1997). White Crow Books. PF har udgivet 4 andre bøger sammen med sin kone Elizabeth Fenwick.

15. IANDS: website: https://iands.org/

16. Near-Death Experience Research Foundation: https://www.nderf.org/ - den største nørdøds hjemmeside i verden.

17. Ian Stevenson (1918-2007). Stevenson var blandt grundlæggerne af The Society for Scientific Exploration i 1982 og var forfatter til ca. 300 artikler og 14 bøger om reinkarnation, herunder *Twenty Cases Suggestive of Reincarnation* (1966), *Cases of the Reincarnation Type* (four volumes, 1975-1983) og *European Cases of the Reincarnation Type* (2003). Hans mest ambitiøse værk var det 2.268 sider lange tobindsværk *Reincarnation and Biology: A Contribution to the Etiology of Birthmarks and Birth Defects* (1997). Det indeholdt 200 cases hvor modersmærker og fødselsdefekter passede sammen med ar på den afdøde person hvis liv barnet kunne huske. Han skrev en kortere version om den samme forskning til lægmænd med titlen *Where Reincarnation and Biology Intersect* (1997). Praeger Publishers.

18. Ian Stevenson: Twenty Cases Suggestive of Reincarnation (1974), side 91-105. University Press of Virginia.

19. Jeg forklarer hvorfor vi normal ikke kan huske vores tidligere liv i en blog-post på mit website: http://newspiritualscience.com/why-cant-i-remember-my-past-lives/

20. Carol Bowman: Children's Past Lives: How Past Life Memories Affect Your Child (1998), Bantam, og Return from Heaven -Beloved Relatives Reincarnated Within Your Family (2001), Harper Collins.

21. Barbro Karlén: And the Wolves Howled , Fragments of Two Lifetimes (2000) Clairview. BK blev betragtet som et vidunderbarn og havde udgivet 11 bøger med digte og prosa da hun var 16 år gammel.

22. Anne Frank (1929-1945): I sin bog "Anne Frank´s Dagbog" dokumenterer hun sit liv i skjul fra 1942 til 1944, under

den tyske besættelse af Holland under Anden verdenskrig. Det er en af verdens bedst kendte bøger og den har dannet basis for adskillige skuespil og film.

23. Antallet af videoer på YouTube der viser børn der husker tidligere liv is stort og her er der blot et enkelt eksempel: https://www.youtube.com/watch?v=c-UpABKaPkY

24. Link til publicerede artikler om børn, der husker tidligere liv: from https://med.virginia.edu/perceptual-studies/publications/academic-publications/?wpv_view_count=1549-TCPID1563&wpv-category=children-who-remember-previous-lives&2author-names[0]=&date-of-publication[0]=&fbclid=IwAR133pggXaZTHf6msZATzcbi0tQj3nUQldlz-6edj21c1ct6R96Ecb_Y9PA

Og case-studier om reinkarnation: http://jamesgmatlock.com/wp-content/uploads/2020/10/Reincarnation-Studies-Available-in-Full-Text-Online.pdf?fbclid=IwAR133pggXaZTHf6msZATzcbi0tQj3nUQldlz-6edj21c1ct6R96Ecb_Y9PA

25. Brian Weiss er en amerikansk psykiater, hypnoterapeut og forfatter, som specialiserer sig i regressioner tilbage til tidligere liv. Hans første bog: "Many Lives, Many Masters: The True Story of a Prominent Psychiatrist, His Young Patient, and the Past-Life Therapy That Changed Both Their Lives" blev udgivet i 1988 af Touchstone og blev en international bestseller. Han har sidenhen udgivet adskillige andre bøger.

26. Roger Woolger: Other Lives, other Selves – A Jungian psychotherapist discovers past lives (1988) Aquarian – Harper Collins. RW. Har udgivet 3 andre bøger.

27. Mange bøger er blevet udgivet om regressions terapi og jeg kan nævne nogle stykker: Dr. Edith Fiore: "You have been here before", 1978, "The Unquiet Dead", 1987, Dr. Joel Whitton: "Life between Life" 1986, Helen Wambach Ph.D.: "Reliving Past Lives" 1978, Winafred Blake Lucas, Ph.D.:" Regression Therapy – A Handbook for Professionals".

28. https://www.newtoninstitute.org/
Den case der er nævnt er fra Michael Newton: Journey of Souls (1999), Llewellyn Publications, page 2.

29. Dette er blandt andet blevet gjort af Richard Martini, som har udgivet adskillige bøger om sine fund: Richard Martini: Flipside, 2013, KDP og It´s a Wonderful Afterlife 1 & 2, 2014, KDP.

30. Erlendur Haraldsson (1931 - 2020) var professor emeritus i psykologi på fakultet for socialvidenskab på Islands universitet. Hand forskede i mange cases of erindringer fra tidligere liv og har udgivet en række parapsykologiske bøger og artikler. Karlis Osis (1917 – 1997) var født I Letland og var parapsykolog, der specialiserede sig i fænomener ved dødslejet og livet efter døden.

31. At the Hour of Death, 1997, Hastings House, page 2.

32. Link to the Society for Psychical Research (United Kingdom) , founded in 1882. https://www.spr.ac.uk/ link til the American Society for Psychical Research: http://www.aspr.com/

33. Link til Edgar Cayce´s website med undertitlen: Your Body, Mind, Spirit Resource Since 1931: https://www.edgarcayce.org/

34. Link til Abraham-Hicks website: https://www.abraham-hicks.com/

35. Link til bogen "The Afterlife Experiments: https://www.amazon.es/dp/B000FBJFGY/ref=dp-kindle-redirect?_encoding=UTF8&btkr=1 Published 2002 by Pocket Books.

36. Dele af beskrivelsen af The Afterlife Experiments er blevet nævnt i min bog: The Undiscovered Country – A Non-religious Look at Life after Death, (2010), Create Space Amazon. Jeg citerer dermed mit eget tidligere arbejde, hvilket er tilladt ifølge de essay guidelines, som er nævnt.

37. Greeley; A.M.: *"Sociology of the Paranormal: A Reconnaissance"*. Sage Publications, Beverly Hills, California, 1975.

38. Haraldsson, E., et al. *"National Survey of Psychical Experiences and Attitudes Towards the Paranormal in Iceland"*. In: W.G.Roll et. Al. *"Research in Parapsychology 1976"*, Scarecrow Press, New Jersey, 1977.

39. https://www.amazon.com/Hello-Heaven-Research-After-Death-Communication-Confirms/dp/0553576348

    Published 1995 by Bantam Books.

40. Louis E. LaGrand, Ph.D.: "After Death Communication. Final Farewells. 1998. Llewellyn Publications. "Messages & Miracles: Extraordinary Experiences of the Bereaved". Llewellyn Publications, 1999.

41. Vi har alle to eller flere skytsengle, der våger over os og som kan interferere i vores liv så det passer ind I vores karma. Vores skytsengle kan ofte være forældre eller andre familiemedlemmer som har en særlig stor kærlighed til os og som er passeret over. Man kan læse mere på mit website: http://newspiritualscience.com/our-guardian-angels/

42. Sengen med orben, der svæver over den kan ses I denne blog-post fra my website: http://newspiritualscience.com/what-are-ghosts-and-how-can-we-help-them/

43. https://monasteriopiedra.com/

44. Erlendur Haraldsson, PhD.: the Departed among the Living – An investigative study of Afterlife Encounters. White Crow, 2012.

45. Martinus fortæller om sine to åndelige oplevelser i detaljer i sin bog: Omkring min missions fødsel, udgivet af Martinus Institut, København.

46. *Kosmisk bevidsthed. Den følgende definition af kosmisk bevidsthed er fra Dr. Richard Bucke's bog "Kosmisk Bevidsthed" fra 1901: "Det vigtigste karakteristikum ved kosmisk bevidsthed er, som navnet antyder, en bevidsthed om kosmos – det vil sige om universets liv og orden... Sammen med bevidstheden om kosmos sker der en intellektuel oplysning eller illumination, som i sig selv ville placere individet på et nyt eksistensplan – nærmest ville gøre ham til medlem af en ny art. Dertil skal føjes en tilstand af moralsk ophøjelse, en ubeskrivelig følelse af opløftethed og livsglæde, samt en forstærket moral, som er lige så slående og vigtigere både for individet og for menneskeheden end den forstærkede intellektuelle kraft. Dertil kommer hvad kan kaldes en følelse af udødelighed, en bevidsthed om evigt liv, ikke en overbevisning om, at*

han engang får det, men bevidstheden om, at han allerede har det."

Martinus definerede selv sin udvidede bevidsthed som en tilstand hvori han kunne "Se   bagved al fysisk materie, få indsigt i al viden, se universets struktur, se de evige love og   principper af logik, retfærdighed og kærlighed, se at alt, hvad der eksisterer er levende   væsner, at vi alle er et med Gud og alt liv. "

He "så" at han selv og alle andre levende væsner er udødelige, at alle har endeløs serie af   tidligere liv bag sig at alt udvikler sig fra lave, primitive former til gigantisk høje   eksistensformer, at Gud er tilstede i alt og alle og at mørke og lidelse er kamufleret   kærlighed.

47. Hele Martinus´ værk er blevet udgivet af Martinus Institut (København, Danmark) og kan ses og læses på instituttets website: martinus.dk   Klik på globussen i øverste højre hjørne og vælg et sprog. En stor del af værket kan læses gratis online.

48. Via sine to metafysiske oplevelser i marts 1921 fik Martinus adgang til universets visdomshav (også til tider refereret til som Akashia Arkivet) til hvilket alle kosmisk bevidste væsner har adgang. I hans egne ord: *"Mine specielle evner tillader mig, ikke blot at kontakte dette videnshav, men også til at transformere den viden jeg har brug for ned til det område, hvor begreberne eksisterer og derfra kan jeg iklæde dem ord og vise dem i symboler, som kan forstås af mennesker".*

49. Min første bog: ´Death is an Illusion – a Logical explanation based on Martinus´ Worldview´ udgør en introduktion til Martinus´ åndsvidenskab. Den blev udgivet i 2002 af Paragon House. Link til bogen: https://www.amazon.com/Death-Illusion-Explanation-Martinus-Worldview/dp/1557788138

Else Byskov

Bogen udkom på dansk i 2012 på BOD.dk:
https://www.bod.dk/bogshop/doden-er-en-illusion-else-byskov-9788771145793

50. Link til mine bøger på mit website:
http://newspiritualscience.com/my-books/
Tre af bøgerne tilhører Den spirituelle Nøddeskals Serie som jeg skriver sammen med Maria McMahon.
51. Det electromagnetiske spectrum

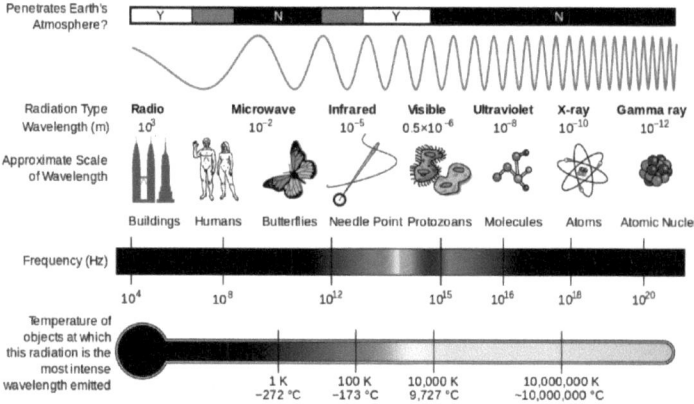

52. Albert Einstein (1879 – 1955) var en tyskfødt teoretisk fysiker, som bliver betragtet som en af de største fysikere, der har levet. Einstein er kendt for at have udviklet relativitets teorien, men han har også bidraget til udviklingen af kvantemekanikken. Relativitetsteorien og kvantemekanikken betragtes som den moderne fysiks to vigtigste grundbegreber.

53. Se for eksempel: Barbara Brennan: "Hands of Light. A Guide to Healing through the Human Energy Field", 1988, Bantam Books.

54. Se også: Case report: Energy Field Changes Approaching and During the Death Experience: https://www.ncbi.nlm.nih.gov/pmc/articles/PMC6438089/

55. Kirlian fotografi er en samling fotografiske teknikker der bliver brugt til at indfange og vise elektriske ladninger. Det er opkaldt efter den armeneske forsker og opfinder Semyon Kirlian, som i 1939 tilfældigvis opdagede at hvis et objekt på en fotografisk plade bliver tilsluttet til en høj-volt kilde, så opstod der et billede på den fotografiske plade.

56. Det bør nævnes, at der vil stadig være et meget svagt energifelt rundt om et lig. Det stammer fra energifelterne i de milliarder af celler, der stadig er I live efter at jegets bevidsthed har trukket sig ud. Cellerne vil stadig være i live så længe der er væske i kroppen og medmindre liget bliver kremeret kan de udleve deres naturlige livscyklus på ca. 3 måneder.

57. Loven for energiens bevarelse siger at den totale energi i et isoleret system er constant; energi kan transformers fra en form til en anden, men den kan hverken skabes eller nedbrydes.

58. See: https://pubmed.ncbi.nlm.nih.gov/12817652/

"Neurogenesis and its implications for regeneration in the adult brain", artikel af Peter Eriksson 2003.

59. Denne forskning bliver nævnt af mig i min bog: The Undiscovered Country – A Non-religious Look at Life after Death, (2010), Create Space Amazon. Jeg citerer dermed

mit eget tidligere arbejde, hvilket er tilladt ifølge de essay guidelines, som er nævnt.

60. Karl Spencer Lashley (1890 – 1958) var psykolog og adfærdsforsker og han blev især husket for sine bidrag til forståelsen af indlæring og hukommelse.

61. Dele af denne forskning blev præsenteret af mig I min bog: The Undiscovered Country (2010), Create Space Amazon. Jeg citerer dermed mit eget tidligere arbejde, hvilket er tilladt ifølge de essay guidelines, som er nævnt.

62. En fuld beskrivelse af den åndelige verden kan læses I vores seneste bog: Life after Death in a Nutshell -What happens when we die, 2021 KDP: https://www.amazon.com/Life-after-Death-Nutshell-happens/dp/B091NNWGY8

Bogen udkom på dansk i september 2021 med titlen: Livet efter døden i en Nøddeskal. Hvad sker der når vi dør? Link til bogen: https://www.bod.dk/bogshop/livet-efter-doden-i-en-noddeskal-else-byskov-9788743034056

63. Symbolet illustrerer de ideelle betingelser for undfangelse. Imidlertid så foregår alle kropslige processer med et sådant overskud at undfangelse kan finde sted selv under ikke-ideelle forhold såsom ved kunstig befrugtning eller voldtægt. Mandens sperm indeholder nok åndelig energi til at være i stand til alene at tiltrække et diskarneret væsen. Men undfangelse bliver mere og mere usandsynlig jo mere omstændighederne afviger fra dem, der er vist på symbolet. Martinus udtrykker det således: *"Enhver normal livsproces forekommer i en så rig fylde, at dens mission til en vis grad kan lykkes, selv om ikke alle ydre betingelser er til stede. Hovedbetingelsen for en*

befrugtning er jo den mandlige sæds indføring i den kvindelige kønsorganisme. Ved denne sæds udtømmelse fra den mandlige kønsorganisme kan der, selv om denne foregår på kunstig måde uden samleje med en kvindelig partner, udløse sig så megen salighedsenergi, at den kan tiltrække et diskarneret væsens aura og her skabe en forbindelse eller kontakt med den, der kan holde et vist begrænset tidsrum eller så længe, som sæden på kunstig måde kan holdes levende. Ved kunstig indføring af denne sæd i de kvindelige kønsorganer, kan det samme kvindelige væsen i visse tilfælde blive besvangret eller befrugtet. Den diskarnerede ånds talenter for organismedannelse kan således ved den her opståede forbindelse og sammen med den organiske skabende kraft i moderlivet komme til udfoldelse, og fosterdannelsen begynder. Men det skal dog bemærkes, at dette er en undtagelse fra det normale, hvorved der opstår et vist minus i denne fosterdannelse, nemlig dette, at generationerne af dette afkom vil dø ud, da det efterhånden taber forplantningsevnen og således bliver ufrugtbare. Ved unddragelse af det naturlige samleje og den heraf affødte hankønslige og hunkønslige kulmination af vellystatmosfære saboterer man selve livskilden. Man skal derfor ikke tro, at den kunstige befrugtning er en velsignelse eller er fremtidens løsen".
"Kosmos" no. 7 1985.

64. https://www.genome.gov/human-genome-project

65. Artikel fra Mammalian Development Laboratory, University of Oxford, Department of Zoology by R.L. Gardner: "Polarity in early mammalian development".

Else Byskov

66. Joshua Beckford:
https://www.brightvibes.com/1154/en/boy-with-autism-the-youngest-to-attend-oxford-university-at-age-6.

67. Eksempler kunne være drengen Tsung Tsung fra Hong Kong som er en absolut klaver virtuos. Han begyndte at spille klaver da han var 3 år gammel og var kun 4 år gammel da han opførte de to musikstykker på linket.
https://www.youtube.com/watch?v=omuYi2Vhgjo

Et andet kæmpestort klaver talent er drengen Elisey Mysin. I dette klip spiller den 4 årige E. M. Mozarts koncert nr. 3 i D major.
https://www.youtube.com/watch?v=lsjk4rlbfdc

68. Arkiane Kramarik blev født i 1994 i Illinois, USA. Hun begyndte at tegne da hun var 4 år gammel og var totalt selvlært. Da hun var 10 optrådte hun på et Oprah Winfrey show. Da hun var 12 havde hun færdiggjort 60 store lærreder. Se følgende korte introduktionsvideo om Arkiane: https://www.youtube.com/watch?v=8_hr-a-VfSw
På hendes website kan man se nogle af hendes værker:
https://akiane.com/ Arkiane har et kolossalt talent som hun simpelthen ikke kunne have udviklet i dette liv. Hendes talent er så stort at enhver anden forklaring end reinkarnation er usandsynlig.

69. Hans Christian Andersen (1805 - 1875), eller blot H.C. Andersen, var en dansk forfatter. Skønt han skrev både skuespil, rejsebeskrivelser, romaner og digte er han bedst kendt for sine eventyr. Han skrev 156 historier som er blevet oversat til flere end 125 sprog og er blevet

indlemmet i Vestens kollektive bevidsthed. Hans mest kendte eventyr omfatter: "Kejserens nye klæder", "Den lille havfrue", "Nattergalen", "Tinsoldaten", "Prinsessen på ærten" ,"Snedronningen", "Den grimme ælling", "Den lille pige med svovlstikkerne" og "Tommeliden".

70. Denne forskning blev præsenteret af mig i en længere form I min bog: The Undiscovered Country (2010), Create Space Amazon. . Jeg citerer dermed mit eget tidligere arbejde, hvilket er tilladt ifølge de essay guidelines, som er nævnt.

71. See: https://uia.org/s/or/en/1100050703

72. Informationen om de ufødte og nyfødte I dette underkapitel er fra David Chamberlain: "The Mind of your Newborn Baby, North Atlantic Books, Berkeley, California, 1998.

72. Denne forskning blev præsenteret af mig I en længere form I min bog: The Undiscovered   Country (2010), Create Space Amazon.

73. Referencer til forskellige videnskabelige studier der bekræfter de medicinske og   psykologiske forandringer i MPF patienter kan findes i: Frank W. Putnam: "Diagnosis &   Treatment of Multiple Personality Disorder", The Guildford Press, New York, 1989.

74. Mason, R.O.:"Duplex Personality", side 594.

75. Sygdomme som børn er født med er et kæmpestort mysterium for videnskaben, især fordi   mange   af dem ikke deles med forældrene. Hvorfor opstår de og hvor

kommer de fra?   Svaret ligger i vores egen arv fra tidligere liv
og skyldes   uklog omgang med unaturlige   stoffer:
alkoholindtag kan føre til leversygdomme i næste liv,
rygning kan føre til   lungesygdomme osv. Når vi
indfører unaturlige stoffer I vores krop bliver vores
talentkerner for skabelse og vedligeholdelse af a en sund
krop undermineret og resultatet   bliver en usund krop
i det næste liv.

76: I sin bog "The unquiet dead" (1987, Ballantine Books)
beskriver psykolog Dr. Edith Fiore   hvordan mange af
hendes patienter var besatte og hun udviklede en effektiv
metode til at få besætterne til at forsvinde.

77. Vores nuværende cyklus på vores evolutionære rejse er
blevet illustreret af Martinus på symbol nr. 22:
https://www.martinus.dk/da-dk/symbol-22/

78. Hvordan vi skaber vores skæbne er et selvstændigt
stadium og ingen kan forstår sin skæbne set i et
étlivsperspektiv. Det er mere påkrævet end nogensinde før
at vi indser at   hvad vi sår i dette liv vil blive vores
skæbne i et senere liv, fordi vi høster hvad vi sår. Man   kan
blive meget klogere på skæbnedannelse i vores bog: Else
Byskov og Maria McMahon: ´Fate and karma in a
Nutshell. How to understand your fate and change it for the
better´ 2020, KDP:

https://www.amazon.com/Fate-Karma-Nutshell-
understand-Spiritual- ebook/dp/B084G6Y9HD

Bogen udkom på dansk i 2020 med titlen: Skæbne og
karma i en Nøddeskal. Hvordan vi   kan   forstå vores

skæbne og ændre den til det bedre. Se bogen her: https://www.bod.dk/bogshop/skaebne-og-karma-i-en-noddeskal-else-byskov-   9788743013358

78. Martinus: "Livets Bog" II, § 528.

Andre bøger af Else Byskov:

"Death Is an Illusion" (Paragon House Publishers, USA 2002)

"Der Tod Ist eine Illusion" (Martinus Verlag, Germany 2006 and

BOD, De 2014)

"La Muerte Es Una Ilusión" (Corona Borealis, Spain 2011)

"Døden er en illusion", (BOD, DK 2011)

"The Art of Attraction" (Create Space, USA 2011)*

"Loven for tiltrækning" (Kosmologisk Information, DK 2008 og

BOD, DK 2011)

 "The Beginning Is Near" (Create Space, USA 2016)

"Ti nye måder at se verden på – På forkant af et nyt verdensbillede" (BOD, DK 2010)

"The Undiscovered Country – A Non-religious Look at Life after Death" (Create Space, USA 2010)

"The Downfall of Marriage" (Create Space, 2016)

"Ægteskabets Nedtur" (BOD, Dk 2010)

"Key Life Lesson from Martinus, the Modern Mystic" (Create Space, USA 2018).

Else Byskov

"Reincarnation in a Nutshell. Why Reincarnation is Real". (co-authored with Maria McMahon), KDP, USA 2019.

"Reinkarnation i en Nøddeskal. Hvorfor reinkarnation er et faktum" (med Maria McMahon). Bod. Dk 2019

"Fate and karma in a Nutshell. How to understand your fate and change it for the better" (med Maria McMahon), KDP, USA 2020

"Skæbne og karma I en Nøddeskal. Hvordan man kan forstå sin skæbne og ændre den til det bedre" (med Maria McMahon), Bod, Dk 2020.

"Life after Death in a Nutshell. What happens when we die? (med Maria McMahon), KDP, USA 2021.

"Livet efter døden i en Nøddeskal. Hvad sker der når vi dør? (med Maria McMahon), BOD.dk 2021.

"Platefuls of Pleasure" (vegetarian cookbook with Declan McMahon), Create Space 2017

"Glad Mad – en vegetarisk kogebog uden dikkedarer" (BOD, DK 2010)

"Fod på Andalusien – 40 udflugter med indlagt vandring i den sydspanske natur". (BOD, DK 2011)

"On Foot in Andalucía – 40 hiking excursions in Southern Spain" (Create Space, USA, 2014)

"Fod på Andalusien 2 – 25 udflugts- og vandreture øst og nordøst for Málaga" (BOD, DK 2014)

"Fod på Andalusien 3 – 25 udflugts- og vandreture vest og nordvest for Málaga" (BOD, Dk 2016)

"Fod på Andalusien 4 – 27 udflugts- og vandreture vest, nord og øst for Málaga" (BOD, Dk 2019)

"Zu Fuβ in Andalusien - 40 Wanderausflüge in Südspanien." (BOD,De
  2015)

**Besøg Elses engelske website: newspiritualscience.com for at se
omtale af hendes bøger på engelsk og læse hendes blog, og
elsebyskov.com for at se dem på dansk.**

© 2021, Else Byskov
Forlag: BoD – Books on Demand, Hellerup, Danmark
Tryk: BoD – Books on Demand, Norderstedt, Tyskland
ISBN: 9788743034094

FSC
www.fsc.org

MIX

Papir fra
ansvarlige kilder
Paper from
responsible sources

FSC® C105338